簡明希臘史
GREEK HISTORY

哲學、藝術與神話，帶你認識影響世界的希臘文化

陳燃 著

探索克里特文明的起源，走進亞歷山大的征途
從英雄傳說到哲學思潮
見證古希臘如何影響西方世界的文化與思想

目錄

前言　PREFACE

第一章　希臘青銅時代的黎明
　　　　神祕建築群的發現 ………………………… 014
　　　　克里特島上的遠古文明 …………………… 017
　　　　海盜國王米諾斯 …………………………… 018
　　　　忒修斯和阿里阿德涅的故事 ……………… 022

第二章　青銅時代的輝煌與衰落
　　　　邁錫尼人的海上貿易 ……………………… 026
　　　　特洛伊戰爭 ………………………………… 029
　　　　謝里曼的考古發現 ………………………… 032
　　　　荷馬時代 …………………………………… 036
　　　　邁錫尼又遭重創 …………………………… 038

第三章　斯巴達：好戰民族的崛起
　　　　斯巴達人的日常 …………………………… 044
　　　　斯巴達城邦 ………………………………… 046

目 錄

　　　　來古格士的改革⋯⋯⋯⋯⋯⋯⋯⋯049

　　　　麥西尼亞戰爭⋯⋯⋯⋯⋯⋯⋯⋯⋯053

　　　　軍事化國度⋯⋯⋯⋯⋯⋯⋯⋯⋯⋯056

　　　　希洛人終獲自由⋯⋯⋯⋯⋯⋯⋯⋯060

第四章　航向未知：希臘的海外殖民時代

　　　　遠赴他鄉的希臘人⋯⋯⋯⋯⋯⋯⋯066

　　　　僭主政治⋯⋯⋯⋯⋯⋯⋯⋯⋯⋯⋯069

　　　　古風時代⋯⋯⋯⋯⋯⋯⋯⋯⋯⋯⋯073

　　　　不朽的伊索寓言⋯⋯⋯⋯⋯⋯⋯⋯076

第五章　雅典民主的萌芽與成長

　　　　梭倫的改革⋯⋯⋯⋯⋯⋯⋯⋯⋯⋯082

　　　　克里斯提尼⋯⋯⋯⋯⋯⋯⋯⋯⋯⋯086

　　　　雅典的首部成文法誕生⋯⋯⋯⋯⋯090

　　　　忒修斯的貢獻⋯⋯⋯⋯⋯⋯⋯⋯⋯093

　　　　雅典公民的日常⋯⋯⋯⋯⋯⋯⋯⋯096

　　　　陪審制度⋯⋯⋯⋯⋯⋯⋯⋯⋯⋯⋯099

第六章　波希戰爭：城邦聯盟的試煉

- 大流士的征伐 …………………………… 104
- 波斯帝國的擴張 ………………………… 106
- 斯巴達勇士大戰波斯大軍 ……………… 109
- 神助希臘人打敗波斯艦隊 ……………… 113
- 馬拉松 …………………………………… 116

第七章　內戰之殤：伯羅奔尼撒戰爭的陰影

- 勉強和平的斯巴達與雅典 ……………… 120
- 伯里克利 ………………………………… 123
- 雅典慘敗 ………………………………… 126
- 霸主之爭 ………………………………… 130
- 雅典投降 ………………………………… 133
- 古希臘時代的悲喜劇 …………………… 136
- 蘇格拉底 ………………………………… 138

第八章　全盛雅典：黃金時代的榮耀與光芒

- 雅典公民的言論自由 …………………… 144
- 登上頂峰的希臘文明 …………………… 147
- 陶片放逐法 ……………………………… 150

目錄

　　希波克拉底………………………………… 153
　　婦女解放運動……………………………… 155

第九章　腓力二世：征服之路上的雄心壯志
　　腓力二世…………………………………… 160
　　馬其頓帝國………………………………… 163
　　腓力二世的領土擴張……………………… 166
　　偉大哲學家，柏拉圖與蘇格拉底………… 170

第十章　戰爭餘波中的掙扎
　　以土地換取和平…………………………… 174
　　斯巴達霸權終結…………………………… 177
　　希臘的戰後混亂…………………………… 180

第十一章　亞歷山大大帝的野望
　　民族文化融合……………………………… 184
　　亞歷山大…………………………………… 187
　　攻下底比斯城……………………………… 190
　　亞歷山大的遠征…………………………… 192

第十二章　哲學與藝術的黃金時期

　　羅馬反遭希臘文化影響 ………… 198

　　犬儒學派與伊比鳩魯學派 ………… 201

　　藝術逐漸走下神壇 ………… 204

　　新文化中心，亞歷山大里亞 ………… 207

第十三章　城邦制度的危機

　　城邦的結束 ………… 212

　　羅馬統治之下 ………… 214

　　分裂的亞歷山大帝國 ………… 218

　　亞里斯多德與柏拉圖 ………… 221

　　阿基米德 ………… 225

第十四章　眾神的世界：希臘神話與信仰

　　掌管智慧的女神雅典娜 ………… 230

　　普羅米修斯 ………… 233

　　心碎的愛神，阿芙蘿黛蒂 ………… 237

　　太陽神之子法厄同 ………… 240

　　十二主神 ………… 243

目錄

第十五章　永恆的故事：古希臘神話的魅力

所向披靡的阿基里斯 ……………… 250

伊阿宋 ……………………………… 253

伊底帕斯的悲劇 …………………… 258

奧德修斯 …………………………… 263

希臘奧運會 ………………………… 267

參考文獻

前言　PREFACE

　　古希臘位於地中海東部，它的地理位置大概以希臘半島為中心，包括愛琴海諸島、小亞細亞西部沿海、愛奧尼亞群島以及義大利南部等。在歷史長河中，古希臘為西方現代文明帶來了不可磨滅的影響，主要表現在三個方面：第一，希臘字母演化成拉丁字母，並最終成為西方各國字母的來源；第二，希臘人以求真的態度、懷疑的精神、批判的眼光、理性的分析，發展出自發且自覺的歷史意識，並在西方史學史上率先確立史學理論和方法；第三，古希臘文化及後來作為希臘文化繼承者的羅馬文化，啟迪了 14 至 17 世紀的歐洲文藝復興運動，對世界文化的發展發揮巨大而深遠的影響。正如恩格斯（Friedrich Engels）所說：「沒有古希臘文化及羅馬帝國所奠定的基礎，也就沒有現代的歐洲。」

　　希臘源遠流長的歷史可分為五個時期：一，愛琴文明和荷馬時期；二，殖民時期；三，古典時期；四，希臘化時期；五，希臘的羅馬時期。

　　西元前 2000 年的愛琴文明發源於克里特島，後來移至希臘半島，孕育出邁錫尼文明，歷時八百多年，是古代希臘文明的開端。克里特島的克諾索斯當時約有 8 萬人口，加上海港，人口在 10 萬以上，稱得上是地中海上最大的城市。

前言　PREFACE

　　克諾索斯王宮是克里特文明最偉大的創造，這裡不僅是米諾斯王朝的政治、宗教和文化中心，也是經濟中心。實際上，目前所知有關克里特文明的考古資料，有一半以上都來自這座王宮。西元前1450年左右，講希臘語的人占領了克諾索斯王宮，代表著克里特文明的衰落。從此以後，愛琴文明的中心便轉移到邁錫尼地區了。

　　西元前1450年，邁錫尼人可能透過聯姻、繼承等和平方式，得以入主克諾索斯王宮，這是邁錫尼文明發展的關鍵一步。但邁錫尼人與克里特人都有同樣的發展弊病，就是奴隸制太嚴重，許多農民飽受統治者的殘酷剝削。西元前1200年左右，特洛伊戰爭爆發，最後希臘聯軍雖攻下特洛伊，但是已經兵力大傷。多利亞人乘此時機紛紛南下，一舉征服了希臘和伯羅奔尼撒各國，邁錫尼文明至此結束。

　　西元前8世紀，希臘皆以一個城市或市鎮為中心，結合周圍農村建成一城一邦，獨立管轄，故稱希臘城邦，主要分為斯巴達和雅典兩大勢力。希臘城邦建立以後，便開展海外殖民運動，碰巧當時的波斯帝國也在對外擴張。兩相對立之下，波斯國王舉兵入侵希臘，卻慘遭失敗，希臘贏得了第一次波希戰爭。

　　西元前5世紀，雅典成為希臘的霸主，雅典的民主政治制度開始萌芽，伯里克利（Pericles）當政時期尤為繁盛。然而此時的斯巴達卻極力推崇武力、征戰和全民皆兵。雙方衝突日益緊張，爆發了伯羅奔尼撒戰爭。最終，斯巴達成為新霸主，然而

整個希臘卻陷入了混亂。

西元前 4 世紀下半葉，馬其頓的亞歷山大帝國征服了整個希臘，並將希臘文明傳播到了東方，史稱希臘化時代。亞歷山大（Alexander the Great）死後，希臘城邦制度逐漸消亡，出現了多個文化中心。

希臘軍事力量的減弱，使羅馬人在西元前 168 年左右征服了這片土地。雖然這裡成為羅馬的領土，卻擁有了一段前所未有的和平時光，羅馬人的統治為希臘帶來安寧，而希臘文化浸染了羅馬人的生活。

古希臘是西方現代文明的源頭，它雖已消逝幾千年，但古希臘人在文學、戲劇、雕塑、建築、哲學等諸方面為我們留下了寶貴的遺產。阿基米德（Archimedes）、蘇格拉底（Socrates）、柏拉圖（Plato）等哲學家留下的不朽作品，動人的神話傳說，不斷進取的奧運會、馬拉松精神，直到今天還在世界各地流傳。

如果沒有希臘，就沒有今天羅馬的文化和西方其他國家的文明。歷史的車輪無聲向前，今天我們談起希臘，大多想到的是藍色的大海、純淨的環境和獨具一格的白色建築，其實我們更應該看到希臘為全世界的文明發展所做的貢獻。

前言　PREFACE

第一章
希臘青銅時代的黎明

第一章　希臘青銅時代的黎明

神祕建築群的發現

　　西元 1893 年的某一天，在雅典的一家小商店裡，考古學家亞瑟・埃文斯博士（Sir Arthur John Evans）出於好奇買下了一些小石塊。這些被希臘婦女當作護身符佩戴在身上的石塊，刻著一些沒人能夠解讀的文字。埃文斯沒有想到，就是這些無人問津的小石塊，讓他揭開了一段古老文明的面紗。

　　七年後的春天，埃文斯來到克里特島的克諾索斯城遺址，經過兩個多月的挖掘，終於在廢墟之下發現了神祕的建築群，這就是驚動世界的克諾索斯王宮。

　　由於克里特島歷史上地震頻繁，克諾索斯王宮經歷了多次修整。克里特島缺少金屬和大理石，王宮主要由石灰石和石膏建成，輔以木材做窗戶、屋頂和圓柱。整座王宮占地兩萬多平方公尺，圍繞一個矩形中心院落向四周延展，上下五層樓，共一千五百多個房間。

　　中心向東，是國王米諾斯（Minos）的居住區。著名的雙面斧廳就在這裡，因裡面懸掛的雙面斧而得名，那也許是某種克里特宗教的象徵。雙面斧廳分內、外兩室，以摺疊門扇相隔，冬暖夏涼。國王就住在雙面斧廳隔壁，寢宮壁畫上還畫著歡快遊戲的海豚。

　　最讓人驚嘆的是王宮的衛浴設施，克里特人講究衛生和舒適的程度遠遠超過同時代的其他民族。他們用石頭修成水道，

把山上的流水和雨水積存下來，引入浴室和廁所，而且還有專門的「下水道」。下水管道用陶土製成，寬度足以裝進一個人，還有自動清除沉澱物的功能。房間裡還設有火爐，可以供應熱水。克里特人大概是最早每天在澡盆裡泡熱水澡的民族。

王宮底層設有許多倉庫，裡面擺滿了與人等高的陶缸，裝著無數的美酒、糧食和橄欖油。王公貴族平時當然享受著奢華的生活，不過，在饑荒災禍到來的緊急時刻，這些食物就會被發放給平民。倉庫地面由石板鋪成，石板下別有洞天——那裡隱藏著王室神祕的寶庫。但埃文斯只找到了少量黃金，因為寶庫早被人掠奪一空了。

克里特人還留下了我們目前所知最古老的劇院，能容納四、五百人。但我們無法得知他們在劇院觀看的內容，從相關藝術作品推測，這裡也許會表演歌舞或者鬥牛。

連接各個廳堂房間的是寬闊的石頭階梯，交錯縱橫，四通八達，也很容易讓人迷路，一旦進去便很難找到出口。古人認為，這座宮殿的設計師是當時的名匠代達羅斯（Daedalus），後來他的名字就成為迷宮或字謎的代稱。

米諾斯國王曾獨霸愛琴海，手段強硬，精明幹練。但在克里特藝術中，國王並不是不可一世、威嚴凜然的梟雄形象，而是優雅中透著高貴的氣質。在那幅著名的國王壁畫上，年輕的國王身材修長，神色愉悅而沉靜，和真人一般大小。他頭戴百合花冠，中央點綴著鳥禽翎羽，佩戴著紅藍相間的項圈和手鐲。克里特

第一章　希臘青銅時代的黎明

人崇尚自然，在國王畫像中並不展示權力，國王身邊沒有獅子或老鷹，只有清新可愛的花草，畫面以豔紅為底色，為陰暗的廳室帶來明亮疏朗的景緻。克里特畫家在泥灰未乾的牆上落下彩筆，柔和的色彩便均勻地深入牆壁。他們讓冰冷的牆壁開出美麗的水仙、百合、鬱金香，讓牆上生長出枝葉茂盛的綠樹，可愛的小動物在其間悠然呼吸。看了這些，你將不會再把盧梭當作發現大自然的第一人。

宏偉的宮殿，也不失對精緻的追求。克里特人把花瓶、小陶器、小雕像等精緻的裝飾品擺放在臥室或者客廳，還在牆壁的石灰石間畫上了花紋飾帶。他們的青銅臉盆、水罐和刀劍上裝飾著動植物圖案，甚至鑲嵌了稀有的象牙和寶石。他們將陶器應用於各種生活細節——餐具、燈座、儲物罐乃至神像。他們最完美的傑作被稱作蛋殼陶器，厚度僅有一公釐。

讓我們回到最初吸引埃文斯的那些帶字的石塊上。在王宮中，的確發現了數千塊泥板，上面刻著不同時期的文字，其中一種圖形文字和小石塊上的相同，另外兩種曲線文字被埃文斯分別命名為線形文字 A 和線形文字 B。這些失傳的古老文字將在沉默中等待後人一一破解。

克里特島上的遠古文明

　　早期人類普遍認為，不僅人有靈魂，草木鳥獸也是有靈魂的，甚至無生命的日月山河都被人們奉為神明。克里特人也信仰萬物，認為世間充滿了善、惡兩種精靈，源於此，希臘神話中才存在那麼多的山林精靈、水澤仙女。

　　假如你生活在三千多年前的克里特島，你一定明白，大街上托著果籃、懷抱鮮花的婦女，不是去參加宴會；吹著海螺、唱著歌的隊伍，也不是在表演大合唱；女祭司沒穿衣服，在樹下瘋狂地把果子搖落一地，她不是精神病人。他們費盡心思，不過是想呼喚神、取悅神，以求得一場大地的碩果豐收。

　　不過，克里特文明的特色是，對女性神靈的崇拜高於男性神靈。在惡劣的生存環境中，死亡是克里特人面對的最大威脅。在克里特人看來，女性的生育能力可以當作對死亡的彌補或克服，於是他們虔誠地崇拜女性神靈，把她當作萬物的母親。他們把女神形象塑造得非常豐滿，周圍伴有很多動植物，象徵著女神的生殖能力。根據不同需求，女神呈現出不同面貌，有時是蛇、鳥、罌粟，有時是某種獸首人身的形象。

　　有一位女神瑞亞（Rhea）在山洞中產下了神子宙斯（Zeus）。宙斯在克里特的地位僅次於他的母親，日後受到的重視不斷增加。泰利斯（Thales）說，水是萬物的本源。在克里特，水的確被珍視，而宙斯就是雨水的化身，滋養萬物，恩賜著克里特島

的農田和果園。

　　克里特人有一套自己的宗教儀式，具體細節無法考證，但從出土壁畫來推測，流程比較煩瑣，包含禱告、犧牲、象徵、儀式等內容。儘管島上沒有廟宇，但戶外的神聖之處都設有祭壇。

　　屆時，一位被認定為女神的人物將盛裝出場，她被抬在轎子上，接受人們的致敬。祭壇的桌子上陳列著祭酒、犧牲、神像和象徵物，比如，盾象徵披堅執銳的女神。雙面斧是必備的獻祭工具，它讓動物的鮮血更具神力。儀式通常是由女祭司主持，因為在祭祀隊伍中，女祭司的地位高於男祭司。祭祀場景中只有少數男性，而且都只是女神的配角，女性信徒也遠遠多於男性。

　　在王宮裡，祭祀活動通常呈現為另一種形式──跳牛。你可以藉助今天的跳馬來想像：跳牛者穿著緊身衣，身手矯捷，雙手迅速抓住牛角，一躍而起，在牛背上翻個跟斗，隨即雙足穩穩落地。也有人把這種活動理解為遊戲競技。無論如何，這種驚險殘忍的活動竟能夠從古老文明流傳到現代社會，也許正好證明人性的野蠻本質從不曾改變。

海盜國王米諾斯

　　克里特島擁有得天獨厚的地理環境，它處於歐、亞、非三洲的交會處，連接腓尼基與義大利、埃及與希臘，是名副其實的地

中海貿易中心。克里特島有著愛琴海地區罕見的沃土平原，農產豐富，林木蓊鬱。藉著商業要道的便利，克里特人透過海運輸出自己的產品，又將外地商品引進島內，從中獲取了巨大的利潤。

有一個地方叫克里特，

位於深紅葡萄酒色的海中，

一片美麗富庶的土地，

四面環水，

島上的人多得數不清，

城市有九十個。

當荷馬人彈著豎琴唱出這段歌詞的時候，希臘人已經遺忘了這個孕育出古希臘文明的克里特島，也忘了它曾以強大的海軍艦隊統治過自己腳下的土地。

克里特人還從埃及習得造船技術，但他們造出的船容量更大、速度更快，設計複雜而操作簡便，超過了以往地中海上的任何船隻。他們按照用途把船分為貨船和戰船。貨船船身寬大，甲板上設有堅固的倉房以裝載貨物，適合遠洋航行；戰船則輕裝上陣，在埃及式戰船的基礎上做了改良，以柏木為材料，船頭高高翹起，船尾設有強硬的衝角，以便防禦敵人，並給予有力地回擊。

有一點需要說明的是，克里特發達的海上貿易並非單純指今

第一章　希臘青銅時代的黎明

天世人眼裡的貿易，他們獲得財富的方式還包括原始的野蠻掠奪。這在當時並不違背道德規範，相反地，海上掠奪是許多海上國家的日常活動，甚至有的國家就以劫掠為生，比如被稱為「海盜民族」的腓尼基人。國王和海盜分別掌握著陸地和海上的統治權，相互依存。

從第一艘獨木船漂盪在海上一直到19世紀，海盜們一直以正當的身分在地中海活躍著，海上劫掠是他們賴以生存的手段。在伊麗莎白時代，英國女王是海盜的最大頭目，她還對西班牙展開了公開的劫掠。同樣地，法國、西班牙、葡萄牙以及北歐、北非沿岸一帶諸國都曾以國家的名義「大力發展」海盜事業。

克里特曾有一位兼具海盜與國王雙重身分的統治者，他就是神話傳說中的米諾斯（Minos）。

米諾斯頭腦冷靜，意志頑強，是一位卓越的政治家。他一手掌握經濟，一手操縱政治，水陸並進，把海盜事業和治國政績融合於一體。他要一手抓財富，一手抓江山，為此，他為自己的王國打造了一支專業化海軍艦隊。

米諾斯親自擔任海軍統帥，為軍隊制定了三條核心軍規。簡單地說，他的艦隊很不客氣，不讓其他海盜搶掠自己，也不讓他們搶掠別人，而只有自己可以搶掠別人。所謂知己知彼，百戰不殆。海盜出身的米諾斯熟諳敵人的慣用伎倆，在海軍將領的培訓中，他詳細講解了海盜的目標鎖定、襲擊方案、搶奪分工等，剖析每一種攻擊手法，最後制定對策，一一破解。軍隊戰

士也不辱使命，個個健壯勇武，意志頑強，只要是為了金錢和霸權，他們就不會顧惜自己的生命。如此高明的軍事指揮、精細的作戰準備，加上素養出眾的海軍，讓米諾斯的艦隊很快地強大起來。

相比起米諾斯訓練有素的艦隊，地中海的其他海盜就脆弱多了，他們缺乏組織戰略，在一次次交鋒之中被米諾斯殺得落花流水。經過長年徵戰，希臘半島、埃及、小亞細亞都留下了米諾斯的威名。整片愛琴海幾乎都是他的領地，他還封自己的兒子們擔任一些島嶼的總督。這位修昔底德（Thucydides）所說的「第一個組建海軍的人」，也成了世界歷史上第一個海上霸主。海盜猖獗混亂的時代過去了，米諾斯艦隊清除了克里特海上貿易發展的障礙，克里特文明也由此走向頂峰。

也有另一種說法認為，「米諾斯」不是克里特國王的名字，而是對王的一種稱呼，正如埃及的「法老」一樣。這個解釋也未必不妥。但無論米諾斯如何強大，沒有優秀的繼承者，他的統治也只能興盛一時。米諾斯死後，克里特的軍事力量江河日下，海上貿易再度混亂。

隨後，克里特島又遭受了一次滅頂之災。距離克里特島不到一百公里的錫拉島突然火山噴發，煙柱直衝雲霄，威力之大甚至波及萬里之外的北美洲。更可怕的是，火山噴發引起了海嘯，巨浪瞬間席捲了克里特島的一切。曾經繁榮絢爛的文明，就如同羅馬的龐貝古城一樣被掩埋了。

第一章　希臘青銅時代的黎明

忒修斯和阿里阿德涅的故事

克里特文明為西方文明之濫觴，有關它的所有傳說都讓人浮想聯翩，也成為學者探索歷史的一張模糊的地圖。你一定聽說過金字塔附近的人面獅身像。作為古埃及人的圖騰，獅子是力量的象徵，這座雕塑正是埃及法老的寫照。而位於愛琴海上的克里特島，也曾出現過半獸半人的藝術形象。在古希臘神話中，克里特島的國王是宙斯的私生子。關於克里特文明，有這樣一個傳說。

貴為天神的宙斯，偏偏總惹一身風流韻事。有一回，他愛上了腓尼基王國的公主歐羅巴（Europa）。為了吸引歐羅巴，宙斯化身為一頭姿態優雅的白色公牛，趁著歐羅巴毫不設防，愉快地騎到牛背上的時候，馱著她直接奔入大海。

歐羅巴一路驚慌失措，直到公牛帶她抵達克里特島，她才發現這竟然是天神宙斯。餘暉倒映在海面上，清風吹動著歐羅巴飄逸的長裙，英俊的宙斯表達了自己的愛慕之意。他們很快相愛了，歐羅巴還為宙斯生下一個兒子，取名米諾斯，長大後的米諾斯就成為了出生地克里特的國王。

米諾斯的伯父海神波塞頓（Poseidon）曾要他獻祭一頭牛，但是米諾斯太愛那頭健美高貴的牛了，捨不得拿去獻祭，就私自供養起來。波塞頓原本就對宙斯不服氣，現在又受到姪子的怠慢，一怒之下，他施以法力，讓米諾斯的妻子愛上那頭未被獻祭

的公牛 —— 也許他也想借機嘲弄弟弟宙斯和歐羅巴的愛情吧。但這一次，公牛是真的公牛，不會變成神仙了。可憐的米諾斯王后生下了一個怪物，牛頭人身，被叫做米諾陶。

米諾斯後悔莫及，為了掩蓋家醜，他請來國內一流建築師，下令要修一座複雜龐大的迷宮，將米諾陶永遠囚禁在迷宮深處。建築師把迷宮設計得錯縱複雜，人一旦進去就別想再出來。

怪物有一個令人厭惡又恐懼的特點：牠不吃草，只吃童男童女。米諾斯當然不能坑害自己的黎民百姓。當時，雅典不堪克里特的挑戰，俯首稱臣，米諾斯就要求雅典每年送來七對童男童女作為米諾陶的大餐。

雅典人苦不堪言，哀聲一片。國王愛琴（Aegeus）也無能為力，只好讓有孩子的家庭抽籤，年復一年地眼睜睜看著不幸的少年少女去送死。終於有一次，有人自告奮勇當貢品前往克里特，還聲稱要殺掉怪物，為雅典除害。國王一看，不是別人，正是自己的小兒子忒修斯（Theseus）。國王擔心兒子此去凶多吉少，但又為他的勇敢擔當感到欣慰。忒修斯臨行和父親約定：如果歸來的船上掛起白帆，就代表順利凱旋；如果掛了黑帆，那就是自己已經不在了。

愛琴忍痛和小兒子道別，看著船開出海，淚溼衣衫。

朝貢的隊伍登上克里特島時，克里特公主阿里阿德涅（Ariadne）對忒修斯一見鍾情。她也不希望自己心愛的人被怪物吃掉，就偷偷送給忒修斯一把寶劍和一個線球。忒修斯帶著這兩

第一章　希臘青銅時代的黎明

樣東西和獻祭隊伍進入迷宮。找到米諾陶之後，忒修斯拔出寶劍，向牛頭奮力砍去，怪物慘叫一聲就倒地不動了。聰明的忒修斯利用線球的標記原路返回，帶領孩子們輕而易舉地離開了迷宮。

為了防止克里特人追趕，他們鑿穿了克里特所有船隻的船底，在公主阿里阿德涅的幫助下，他們逃出了克里特。

但故事總會留下遺憾。有人說，公主沒有和忒修斯一起走；還有人說，公主在往雅典的路上暴病而亡了。總之，忒修斯悲痛萬分，以至於忘記了和父親的約定──他沒有掛上宣告勝利的白帆。老國王遠遠地眺望，看到天邊出現一片小小的黑帆時，再也忍不住失去愛子的痛苦。他滿臉淚水，一步步走向海水深處，絕望地自殺了。

人們欽佩忒修斯的英勇，同時也因國王的離去而悲傷，為了紀念國王，就將那片海命名為愛琴海。

你也許為這個悲劇結局感到失落，英雄的命運為何總是不能圓滿，就像阿基里斯（Achilles）注定要帶著腳跟的「死穴」。不過，他們的故事並沒有因為缺憾而減損魅力，反而流傳得更為久遠。正是這些缺憾使得神人英雄們不再完美無缺、高高在上，而是和我們的心靈情感緊密相連。因為神話終究源於現實世界，既是凡人的寫照，也是當時社會狀態的反映。

第二章
青銅時代的輝煌與衰落

第二章 青銅時代的輝煌與衰落

邁錫尼人的海上貿易

當克里特文明達到輝煌之時，邁錫尼才剛剛成長起來。它逐漸成為克里特最好的貿易夥伴，也以克里特為師，發展起自己的王國模式。因此我們發現，邁錫尼的文化形式、社會體制都帶有米諾斯時期的特色，也難怪在沒有文字記載的情況下，埃文斯一直認為，邁錫尼始終受到米諾斯的霸權統治。

有一名年輕人名叫多利亞斯，他欠了王宮太多東西。欠條上寫著：2,200升大麥、526個橄欖、468桶酒、15頭公羊、2頭公牛、1頭母牛，還有1頭肥豬。我們先別急著同情他，因為那已經是三千多年前的事情了。我們需要關心的是，邁錫尼人的帳本為何能流傳至今，我們該如何解讀。

邁錫尼人用的書寫材料一定不易保存，以至於在三萬平方公尺的遺址中，什麼紀錄都沒留下。而克諾索斯王宮中發現的泥板則得益於意外的火災，泥板在大火中被燒製成了陶片。直到1939年，在希臘西南部派羅斯宮殿遺址又挖掘出六百多塊刻有線形文字B的泥板。西元1850年代，這種文字終於被破解。很巧，這一次又歸功於一位業餘語言學家——英國的年輕建築師麥可・文特里斯（Michael George Francis Ventris）。他告訴我們，每一個優美的弧線符號都代表一個音節，共有六十多個符號，比二十六個字母的英語更困難許多。

隨著文字被解讀，邁錫尼文明的面貌進一步浮出水面，也

邁錫尼人的海上貿易

證明了埃文斯判斷的錯誤。早在西元前 1500 年，邁錫尼人已經統治了克里特島，他們早期使用的就是古希臘語，並根據古希臘語對線形文字 A 進行了改造。邁錫尼人就是希臘人。

而泥板本身的內容更展現出邁錫尼人的有趣和可愛。泥板不頒布詔令，也不涉及任何法律，卻用簡短的文字把經濟帳目記錄得不能再詳細。每一塊泥板都是邁錫尼人的帳本。他們知道一個叫萊昂的地方生產多少麻布，一個名叫愛來克特朗的人擁有多少地產，甚至知道克里特有 22,051 頭羊。某個村落僱用了 2 名護士，他們記下：一個男孩，一個女孩；特扎羅先生有 2 頭公牛，他們記下：一頭叫格拉希，一頭叫布來奇……

透過這些包羅萬象、細緻入微的條目紀錄，我們看到了邁錫尼社會完整體制下的貿易發展。他們繼承了克里特文明的地理優勢和海上強權，積極發展海上貿易。島上很多富餘的產品被遠銷各國，有地中海特產葡萄酒、手工藝陶器、紡織品、皮革製品。商人們往返於銷售地和貨源地之間，出口的同時，也進口一些貴重的原物料，如銅、錫、金、銀、象牙、琥珀等。國內優秀的手工匠人則將進口的材料加工成精美的奢侈品，再以高價出口國外。

而統治者享用的奢侈品，一般來自國家之間的友好禮贈。這不但促進了稀世珍寶的流通，也維繫了地區的和平。一旦這種互惠模式被打破，就會激起某一方的不滿，甚至兵戈相見。

紡織業在這一時期特別興盛。國內飼養了很多羊，女工們主

第二章　青銅時代的輝煌與衰落

要從事剪羊毛、紡線、針織等工作。一大批能工巧匠和他們的紡織技能都被記錄下來。

在邁錫尼眾多出口產品中，有一種小瓶的芳香油很受歡迎。希臘生長著大量優質的橄欖樹，這種芳香油便是橄欖油和香料的完美結合。油在古代的地位非同尋常。現代人多用橄欖油烹飪，但在古代它是上等的清潔用品。古希臘人沒有肥皂，他們想洗澡時就把橄欖油塗在身上，用金屬刮片把汙垢和油一起刮下來。然而用橄欖榨出的油氣味並不美妙，必須加入香料讓它更好聞。最好的香料來自非洲，可見邁錫尼人並不封閉。我們在整個地中海沿岸發現了大量邁錫尼時代的物品，邁錫尼人定居在小亞細亞、賽普勒斯、不列顛群島，向歐洲腹地滲透。

和克里特文明相同，邁錫尼也採用「資源再分配」模式。統治者把農、林、牧業的副業產品集中起來，用以供應百姓、興修公共設施、建設軍隊，此外還得賑災。擔任國王的書吏也是一項精細嚴謹的工作，要記下每一件從貯藏區運進運出的物品，寫明它們的來路、去向和數量。而作坊區裡，木匠、泥瓦匠、兵器匠、紡織工和香水製作人忙得不亦樂乎，空氣中飄散著各種有趣的氣味。

特洛伊戰爭

　　人與神的第一次結合，發生在希臘英雄佩琉斯（Peleus）和仙女忒提斯（Thetis）身上。他們的婚禮邀請了眾多神明，酒席上觥籌交錯，大家都為這對新人祝福的時候，有一位表情陰沉的女神甩袖離去。原來，這就是因沒有收到請柬而滿心不快的爭吵女神。她決定要讓當天的嘉賓們不歡而散，於是，在甩手而去的那一刻，她從袖中擲出一個金蘋果。

　　她的用心不在金蘋果，而在蘋果上的一行小字：獻給最美麗的女人。

　　一場戰爭的爆發可能出於什麼原因呢？城邦之間，無非利益與霸權。邁錫尼文明晚期發生的特洛伊戰爭，就是邁錫尼人與特洛伊人對海上貿易控制權的一場爭奪。而荷馬（Homer）在《伊里亞德》（*Iliad*）中，則把這場戰爭歸因於女人的促狹、虛榮和美麗。

　　宴會上女神眾多，個個心高氣傲，尤其是天后赫拉（Hera）、智慧女神雅典娜（Athena）和愛神阿芙蘿黛蒂（Aphrodite）。她們為了「最美麗的女人」這個美稱爭執不下，請大家評判。而眾神知道，這三個女神誰都不好惹，便把這個難題丟給特洛伊王子帕里斯（Paris）。

　　帕里斯出生時，母親得到神諭，說她這個兒子將為特洛伊帶來滅頂之災，於是，帕里斯被遺棄山中。當三位女神飄飄然

第二章　青銅時代的輝煌與衰落

來到他面前時，他正在山坡上牧羊。為了得到金蘋果，三人都使出了渾身解數引誘帕里斯。赫拉說，我能給你取之不盡的財富和權力；雅典娜說，我能給你最高的智慧和軍事才能；阿芙蘿黛蒂走近一步，嘴角含笑，輕聲說，如果王子能助我得到這個金蘋果，我將送給你世間第一美女。帕里斯眼睛一亮，耳根一軟，毫不猶豫地把蘋果交給了愛神。

阿芙蘿黛蒂得意而歸，帕里斯卻得罪了赫拉和雅典娜，特洛伊的災難也自此埋下伏筆。

其後，帕里斯經過一番努力，回到特洛伊成為王子。愛神兌現了承諾，她唆使帕里斯前往斯巴達參加國王墨涅拉俄斯（Menelaus）的酒宴。在酒宴上，帕里斯愛上了一位女神一般嫵媚動人的女子，荷馬稱她為「女人中閃光的佼佼者」，那正是「世間第一美女」海倫王后（Helen of Troy）。

趁著墨涅拉俄斯外出的幾日，帕里斯與海倫互生愛慕，都被愛情沖昏了頭腦。帕里斯劫奪了王宮財寶，與海倫私奔而去。

膽大的帕里斯激怒了墨涅拉俄斯。蒙羞的斯巴達國王立即向希臘各城邦發出請求，聯合討伐特洛伊。墨涅拉俄斯的哥哥、邁錫尼國王阿加曼農（Agamemnon）成功說服了最精明的希臘人奧德修斯（Odysseus）和勇武的英雄阿基里斯（Achilles）加入討伐大軍。

各路英豪雲起響應，大家推選阿加曼農為統帥，率十萬大軍、千艘戰艦，浩浩蕩蕩開赴特洛伊。

希臘聯軍士氣高漲，但事情並不像想像中那樣順利。他們擊敗了特洛伊的海上軍力，但由於不熟悉地形，在登陸時遭到了特洛伊的反攻。高大的城牆和複雜的防禦設施保護了特洛伊人，希臘聯軍只好在城下的海灘上長期駐紮，這一對峙，就是十年。

十年中，阿基里斯因與專橫的阿加曼農發生衝突，一怒之下退出聯盟。阿基里斯的好朋友帕特羅克洛斯（Patroclus）為了重振士氣，假扮阿基里斯出戰，不幸被特洛伊大王子赫克托爾（Hector）所殺。

悲痛的阿基里斯為了替摯友報仇，與阿加曼農和解，披掛上陣，要與赫克托爾決一死戰。赫克托爾預感不祥，但為了保護特洛伊，他毅然告別了妻兒，奔赴戰場。工匠神赫菲斯托斯（Hephaestus）為阿基里斯打造的鎧甲和盾牌讓他如虎添翼，占據上風。他追趕赫克托爾繞城三周，終於用矛刺穿了對方的喉嚨。阿基里斯本想把赫克托爾的屍體拋於荒野，特洛伊老國王看到兒子犧牲得悲慘，聲淚俱下地向阿基里斯求情，終於要回了兒子的屍體。

而阿基里斯則在不久之後被太陽神阿波羅（Apollo）射中致命的後腳跟，中毒身亡。

雙方各失去了一位英雄將領。就在戰爭重陷僵局之際，機智的奧德修斯想出一條妙計。希臘聯軍竟然燒毀了自己的營帳，全部撤回戰艦，只在城外扔下一架碩大的木馬。特洛伊人以為自己終於大獲全勝，開城歡呼，並把木馬當作戰利品運回城中。

第二章　青銅時代的輝煌與衰落

就在特洛伊人慶祝勝利的那天深夜，木馬發生了變化。希臘人從馬腹中爬出，偷偷打開城門，與城外的希臘聯軍裡應外合，迅速展開了一場毀滅性的屠殺和掠奪。希臘人撤離之後，放了一把大火，曾經宏偉強盛的特洛伊城從此化為灰燼。

這便是帕里斯搶走海倫所付出的代價。但這已不再是「紅顏禍水」所能解釋的，而是城邦榮譽與個人榮譽的爭奪。

十年特洛伊之戰也間接導致了邁錫尼文明的終結。不過，這是一個最壞的時代，也是一個最好的時代，戰火紛飛之際，英雄輩出，英雄們的光輝為後人帶來了取之不盡的精神財富。

特洛伊城破之後，墨涅拉俄斯在混亂之中找到了海倫。他本來想一劍將海倫殺死，但此時的海倫在阿芙蘿黛蒂的法力幫助下變得更加美麗。墨涅拉俄斯的憤怒平息了，他瞬間忘記了海倫的所有過失。海倫跟隨丈夫來到戰艦上，所有士兵都為她傾國傾城的美貌震驚，為了這樣的美人，辛苦征戰十年也是值得的，沒有人傷害她或怪罪她。海倫也得到了墨涅拉俄斯的寬恕，夫妻二人和好如初。

謝里曼的考古發現

海因里希・謝里曼（Heinrich Schliemann）是一個狂熱而持久的荷馬迷。從孩提時代起，謝里曼就對《伊里亞德》（*Iliad*）格

外痴迷,他一直相信這不只是一部虛構的作品。沒有哪個孩子比謝里曼更執著了。長大後,他經由經商賺了一大筆錢,然後將自己所有的財富、時間和精力投入一場漫長的神話證實之中。依照《荷馬史詩》(Homeric Epics)的敘述,他憑藉著驚人的直覺和堅定的信念,在小亞細亞西北角的山下,果然發現了特洛伊城遺址!繼而為了尋找阿加曼農的王國,他又發現了邁錫尼王陵!由此,希臘人的歷史向前推進了四百多年,邁錫尼文明的全貌在世人面前赫然呈現。

埃文斯博士對克里特文明的發現,其實不只是源於小石塊的啟發。此前,德國業餘考古人謝里曼曾來到克諾索斯遺址,卻因當時土地所有者的漫天索價而放棄挖掘。這成為謝里曼生前最大的遺憾,但他曾經手的考古工作已經成為19世紀的傳奇故事。

遠遠望去,古老的邁錫尼城堡遺址威嚴地坐落在伯羅奔尼撒半島險峻的山巒上。克里特文明後期,海盜再度猖獗,為避免海上危機突發,警惕的邁錫尼人把城堡建在距離大海十六公里以外。城堡被一些村落和農田環繞,以保障基礎生存。他們還為城堡修築了高大堅固的城牆,石板巨大,據說其中最小的石板用兩頭騾子一起拉也拉不動。後來的希臘人認為,那是獨眼巨人的傑作,所以把這些龐大牢固的城牆稱作獨眼巨人牆。這些城堡充分利用山體坡度建造,一旦有不速之客來襲,軍隊就可以從兩面有力夾擊。牢不可破的城堡高高在上,震懾著敵

第二章　青銅時代的輝煌與衰落

人，盡顯王者之威。

城堡的入口處屹立著著名的獅子門，高 4 公尺，寬 3.5 公尺。門柱由不規則的巨石壘砌而成，門楣砌成三角形，上面刻著兩隻威風凜凜的雄獅。根據專家估測，門楣大概有 20 噸之重。兩隻獅子相對而立，前爪搭向中央，因年代久遠而形態模糊，甚至兩個獅頭都已遺失，但它們守衛城堡的宏偉氣勢依然不減當年。也許它們原本是向下俯瞰的姿勢，像城徽一般大氣威嚴。

在獅子門後的山谷中，隱藏著邁錫尼城兩大陵墓圈，其一是圓頂墓，其二是豎井墓。

圓頂墓由巨大的石塊建成，形似蜂巢，所以也叫「蜂巢墓」。走入一段幾十公尺長的石頭墓道，經過一道青銅大門，一座圓形大廳便展現於眼前。石頭砌成的牆壁上，裝飾著青銅製造的圓花。大廳側面有狹窄的小路通向墓室。圓頂墓在一定程度上參考了克里特的墓穴風格，但比克里特的墓穴規模更大，拱頂高聳，室內肅穆。和克里特王宮一樣，這裡也早被盜墓者洗劫一空。

豎井墓出現的時間早於圓頂墓。人們把死者埋在一個大深坑裡，用石頭砌起豎井一般的墳墓，墓頂是雕刻勇士形象的石板，堆土成塚，樹碑為念。墓穴口直徑約 30 公尺，下面有石頭祭臺，周圍是「井」字通道。謝里曼認為，這裡用來盛放犧牲的血，以供死者享用。每座豎井墓幾乎都葬有兩名以上的死者，他們身上各自覆蓋著黃金製品，可見墓穴主人的貴族地位。

在一座豎井墓中，謝里曼發現了一具男性乾屍，臉上戴著一

副純金面具。當他揭開面具時，驚奇地發現下面是一張完好的面孔。經過鑑定，死者約35歲左右，這與《荷馬史詩》中阿加曼農的死亡年齡恰好吻合。

由於過於迷信《荷馬史詩》，這位唐吉訶德（Don Quijote）式的考古學家認定，此人正是阿伽門農。隨後，謝里曼向希臘國王發了一封電報：我以無比激動的心情向陛下宣布，我發現了阿加曼農的安葬地！

然而，其後對黃金面具的鑑定讓謝里曼多少有些失落。這副純金面具的製造時間約為西元1550年，而傳說中的阿加曼農生活在13世紀，顯然在此處長眠的並非阿伽門農。但或許人們出於對英雄時代的嚮往和敬意，仍將面具以阿加曼農命名保留了下來。這是目前歐洲最早的肖像工藝，也被看作邁錫尼文明的最好證明。

謝里曼的錯誤並沒有降低他的考古工作帶來的實際價值。在他之前，很多專業的考古學家在尋找特洛伊的起點就放棄了，慣性思考告訴他們，《荷馬史詩》只是個架空的神話。而謝里曼用畢生精力實現了兒時的夢想，無論在人們看來有多荒誕，他至少帶著世人追溯出了瑰麗的愛琴文明。

第二章　青銅時代的輝煌與衰落

荷馬時代

　　荷馬時代的希臘社會也有貧富之分，但是衡量的標準並不是金錢。因為那時的希臘還沒有「錢」這個東西，財富是以物品衡量的。最常用的籌碼不是金屬，也不是紙製品，而是牛。金屬只是用來交易的媒介，鐵、銅或者金被當作商品交換的一種價值標準，57磅金塊稱為1塔倫。最常見的交易還是以物易物。

　　相較於邁錫尼時代，人們較拙於藝術，善於行動。他們不喜歡文縐縐的文學，認為沒有大丈夫的豪氣。他們唯一的文學便是軍歌和史詩，但是他們對於美麗寵愛有加。荷馬的希臘是一場美人夢，不用說女人嫵媚，連男人也英俊瀟灑，長髮美髯。他們割下自己的頭髮，放到朋友的火葬堆上燃燒，這是對朋友的最高敬意和獻禮。

　　想知道英雄時代的希臘人是如何過日子的嗎？為什麼海倫貴為王后還要去織毛毯？為什麼奧德修斯午餐只吃烤乳豬？從《荷馬史詩》中，我們可以窺探到那時一些瑣細的生活圖景。

　　不像愛琴文明那樣流行裸露，荷馬時代的人們身上掛著一件四方形衣服，用別針固定，長及膝蓋。女人頭戴面紗，男人腰間圍布——他們開始意識到身體與尊嚴的關聯。男人腿部赤裸，女人則露出手臂。他們在室內通常赤足，只有外出時才會穿鞋。愛好裝扮的希臘人還喜歡佩戴珠寶，用玫瑰香油塗抹身體。

　　他們熱愛自己腳下的土地，尤其喜歡那剛剛耕過的暗色泥土

的氣息。看著筆直的壟上，小麥被灌溉後綠油油地生長，人們臉上露出會心的微笑。冬天，他們還築起堤壩防止季節性水患。當《荷馬史詩》中說到「洪水氾濫奔騰，震塌了堤防，長列的土墩無法支撐，果實豐饒的果園院牆也擋不住洪水的突襲」時，勞作者的沮喪可想而知。

希臘半島山林茂密，很多野獸出沒其間，偶爾還會破壞莊稼。最初，人們迫不得已去打獵，後來才變成一種生產方式，直到演變為現在的畜牧養殖。有能力養殖的人家通常都是富人，他們的牧場上有著千百頭的牛、羊、豬、馬。他們三餐食肉，大塊烤肉，早餐還會配上美酒。所以，奧德修斯午餐吃半隻小豬，晚餐則吃三分之一隻大豬。窮人則吃穀物和魚，偶爾有蔬菜，聽起來也不錯，但和富人的確無法相比；窮人的酒也是濃度很低的摻水的酒。

那時的希臘人吃飯習慣也很特別。雖然他們不像雅典人那樣躺著，確實是坐在椅子上，但他們沒有大飯桌，而是貼著牆坐成一排，每兩個人之間有張小桌子。餐具只有自己帶的刀，吃飯的時候用手直接抓取。

當時的人們沒有市場概念，無論是店主還是工匠，從不為同行競爭煩惱，他們十分敬業地每天工作很久，但從容不迫。其實，他們更以自給自足為榮，幾乎每個家庭成員都會一些手工技術，自己做一把椅子、織一張毛毯、做一幅刺繡都是值得驕傲的事情。所以，奧德修斯要親自動手做馬鞍，他的妻子也

第二章　青銅時代的輝煌與衰落

一直忙著紡織。

《荷馬史詩》中的社會，普遍鄉村化，聚集在城堡周邊的村莊則是他們的城市。有傳令官和信差負責地區間的通信，如果需要遠距離聯絡，就會在一個個山頭上傳遞煙火。他們所謂的奴隸，則是從事家庭保姆之類的服務，被視為家庭成員之一，和主人有著深厚的感情。這一個時期的社會比較原始，顯得古樸而可愛。

邁錫尼又遭重創

邁錫尼文明輝煌了不過二百年。特洛伊之戰雖然取勝，但阿伽門農回國不久後就被妻子毒死。國王駕崩，群龍無首，邁錫尼很快地陷入混亂。國力被消耗殆盡，邁錫尼逐步走向衰落。

西元前1100年，邁錫尼城市變為狹小的村落，很多鄉鎮被夷為平地，變得荒蕪一片。希臘半島人口銳減，成千上萬的人離鄉背井，逃難到別處。曾經繁盛一時的文明，為何突然荒涼凋敝了呢？

僅是一位國王的死，也許不能導致一個文明的衰朽。很不幸，邁錫尼文明晚期內外交困，再也沒有力量重整旗鼓。先是在地中海區域發生了一場持久的大面積饑荒，莊稼顆粒無收，糧食緊缺，社會衝突嚴重。地震頻繁，氣候變化，更是雪上加

霜。社會體制產生動搖，農業、商業皆陷入癱瘓狀態。

此時，地中海地區出現一股「海上民族」的侵略勢力，沿海各地動亂不已，西邊的義大利、西西里以及其他毗鄰島嶼都受到衝擊。來自海上的劫掠者又封鎖了地中海東部的商業要道，很多原物料失去了進口管道，產品的出口也遭到攔截。對外貿易的停滯讓產品更加匱乏，產業鏈被迫中斷，各國之間的溝通交流受到影響。這些海上民族究竟是什麼人、從哪裡來，直到現在還是一個未解之謎。

就在邁錫尼社會面臨全面崩塌的時刻，多利安人乘虛而入了。高大、圓頭、愛戰鬥、不識字是多利安人的顯著特徵。他們是希臘神話中的大力神海克力斯（Hercules）的後裔，把自己的入侵稱為「重返家園」。他們從北部入侵伯羅奔尼撒半島，剷除了各個城邦的統治階級，將剩餘的人變為自己的奴隸。這些勝利者趾高氣揚地聲稱，本來可以和平地回到自己的故鄉，但遭到希臘人的抵抗，不得不訴諸武力。他們以野蠻戰勝文明，將一場血腥的征服包裝成神聖的權力。

邁錫尼文明被鐵石心腸的多利安人摧毀了，但入侵者絲毫沒有愧疚。邁錫尼的建築、手工藝、文字、藝術等就此失傳。多利安人重軍事，輕文化，希臘半島彷彿忽然倒退回到沒有曙光的黑暗中。由於城市遭到毀壞，大多數人只能住在簡陋破敗的農村，那裡到處是低矮的土坯房或茅草屋，食物時常難以果腹，生活十分艱難。社會秩序也並不和諧，人們走在路上要隨

第二章　青銅時代的輝煌與衰落

時配備武器防身，暴亂不斷，農業生產和海陸貿易各方面都受到阻礙。很多家庭顛沛流離，找不到一方能讓他們安定生活的土地。

考古學家把這段時期稱為「黑暗時代」。這不僅是因為文明的隕落，也是因為這段歷史無據可考，既沒有文字紀錄，也未曾發現任何能代表這一個時代的代表性建築。

詩人赫希俄德（Hesiod）曾對這個時代表示悲嘆：繪畫藝術受到冷落，雕刻家僅僅滿足於雕像；陶藝方面也放棄了愛琴文明時期的精緻優雅風格，取而代之的是一種簡單原始的幾何圖案。

幾何陶器的代表性圖案是同心圓或半同心圓。希臘藝術家把筆固定在一個有鉸鏈的羅盤上，如此一來，畫出的圓弧就會非常精確。這大概就是圓規的最初形態吧。不過，黑暗時期的工匠的確沒有能力模仿邁錫尼時代的陶器形狀和裝飾風格，無論工藝和美感都遠遠遜色於後者。赫希俄德認為這種陶器毫無生氣，是文明的墮落。然而此後，古希臘的陶器在幾百年間都保持著這一種主要風格。

不過，我們依然可以找到一些文化發展的痕跡。多利安人雖然毀掉了邁錫尼文明，但他們帶來了大量的鐵。他們是鐵器時代初期來到希臘的使者。鐵的製造比青銅複雜得多，所需的熔爐溫度也更高。海上貿易的凋敝，中斷了青銅材料的進口，而人們在地中海東部發現了大量鐵礦，鐵器得以批次生產，希

臘的鐵器製造開始新的發展。鐵製兵器更加堅硬，不易磨損。

在冶鐵技術方面，希臘比近東地區更先進。西元前 11 世紀，希臘工匠已經掌握熔化和加工鐵的技術。而巴勒斯坦到西元前 10 世紀末才以鐵代替青銅，埃及直到西元前 9 世紀才開始普遍使用鐵器，且僅限於王宮內使用。

詩人荷馬把這段時期的民間生活和神話傳說整理成兩部史詩：《伊里亞德》(*Iliad*) 和《奧德賽》(*Odyssey*)，合稱《荷馬史詩》(*Homeric Epics*)，這幾乎是關於這段時期的全部文獻了，所以，「黑暗時代」又被稱為「荷馬時代」；又因為《荷馬史詩》主要是對英雄人物的頌揚，所以這一時代也被稱為「英雄時代」。

第二章　青銅時代的輝煌與衰落

第三章
斯巴達：好戰民族的崛起

第三章　斯巴達：好戰民族的崛起

斯巴達人的日常

在生活上，斯巴達人向來以樸素著稱，城邦限制使用奢侈品，也嚴禁奢華墓葬。但有一個例外，那就是對阿蒂蜜絲（Artemis）神廟的供奉。月神阿蒂蜜絲是生命週期的保護者，掌管著女孩轉變為妻子和母親的過程。成為妻子和母親是每一個斯巴達女人一生中最重要的使命，因為優秀的斯巴達戰士都是由她們生養出來的，所以月神在斯巴達特別受人崇拜。與阿蒂蜜絲緊密相關的，是生育女神埃雷圖亞（Eileithyia），她也是童男童女的保護神。

在古希臘，斯巴達人對宗教的虔誠可謂遠近聞名。他們極力維護自己的虔誠，對神靈無限尊崇，連同時代的其他希臘人都認為他們太迷信了。

雖然斯巴達人拚命地進行軍事訓練，到了戰爭的關鍵時刻，他們寧可相信神的指示，也不相信強大的將士。幾乎每一次軍事行動之前都要舉行祭祀，比如在他們越過邊境之前，或是一場戰鬥開始之前。凡是與軍事有關的預言，斯巴達人都相當認真對待，如果有不好的預兆，即使是生死攸關、迫在眉睫的戰役，他們也會推遲或取消。

曾經有一位斯巴達指揮官在一場重要戰役之前舉行祭祀，祈求第四次才獲得一個吉兆，終於敢出兵作戰。希臘對抗波斯時，在著名的馬拉松戰役中，斯巴達人直到最後一刻也沒有出

戰。不是他們膽小或自私,而是他們認為當時的月亮呈現出不祥的徵兆。而在溫泉關戰役中,斯巴達人只派出一部分士兵,他們自稱其餘大部分人在為阿波羅舉行每四年一次的卡爾涅亞祭(Carneia)。

關於阿蒂蜜絲的宗教儀式,依據男性和女性生命週期的各個階段而展開。少女們在成人儀式上為女神阿蒂蜜絲雕像換上長袍,並合唱頌歌,跳起舞蹈。當她們跨入生命的另一階段,則向月神獻上畫有紡織圖畫的匾額。在斯巴達境內的阿蒂蜜絲神廟中,考古學家發現了超過十萬件祭品,很多是用琥珀、金銀、象牙等珍貴材料製成,還有鉛製的重裝備步兵小塑像,可能是年輕人成為武士的象徵。

因為崇尚武力,需要優質的士兵種子,所以斯巴達重視以生養後代為目標的婚姻。於是,單身漢就像被淘汰的懦夫一般,受到人們的排擠和嘲笑。節日儀式上,已婚婦女圍著祭壇,用唱歌的方式羞辱那些單身漢,迫使他們遵守斯巴達的規定,儘快娶妻生子。

因此,斯巴達人的婚姻並非以愛情為基礎。所謂愛情,如果存在,也一定出現在婚後。整個斯巴達只有一座阿芙蘿黛蒂神廟,而且和其他地區的愛神不同,這裡的愛神頭戴面紗,手中持劍,腳戴鐐銬,顯然象徵著被控制的愛情和為戰爭服務的婚姻。

雖然斯巴達人對宗教充滿熱忱和忠誠,但他們只關心對自

己有益的宗教。和其他城邦不同，他們不熱衷於祭拜農業女神狄蜜特（Demeter），也許是因為他們本身不從事農業生產，認為那是希洛人的事情。還有古希臘最著名的狂歡酒神節在斯巴達也毫無市場，好像他們心目中的神譜內從來不包括戴奧尼索斯（Dionysus）。大概是因為他們生性嚴謹，不喜歡這種節日的瘋狂和縱情，更不願意讓自己放縱之後呈現出愚蠢的醜態。當然，和對待農神一樣，他們也不關心葡萄是否豐產，因為種植葡萄的也是可憐的希洛人。

斯巴達城邦

回首斯巴達威震希臘的過往，不禁感慨唏噓。在伯羅奔尼撒半島東南部的拉戈尼亞地區，有一片三面環山的馬蹄形河谷。曾經，強大的斯巴達城邦連城牆都無須修建，它是5個村落的集合體，有7萬人口，和平時期受人尊敬，戰爭時令人畏懼。如今，它僅僅是個4,000人的小村莊，在那座普通的小博物館裡，也很難找到王者遺風。

斯巴達的歷史最早可以上溯到特洛伊戰爭時期。帕里斯曾在這裡與海倫一見鍾情，令斯巴達國王墨涅拉俄斯惱羞成怒，尋求阿伽門農的幫助，發動了長達十年的特洛伊之戰。考古學家還在此發現了供奉墨涅拉俄斯和海倫的神祠。拉戈尼亞曾是

斯巴達城邦

青銅時代重要的中心地區，但在邁錫尼文明末期，拉戈尼亞和希臘其他地區一樣，人口驟減，定居點被毀，陷入一片晦暗。

西元前11世紀，多利安人從希臘半島北部洶湧而來。他們不把自己當作侵略者，反而宣稱是要奪回領土。

原來，在希臘神話中，邁錫尼是「大力神」海克力斯的故鄉——他雖是宙斯與阿爾克墨涅（Alcmene）的私生子，但阿爾克墨涅是邁錫尼國王安菲特律翁（Amphitryon）的妻子。後來，安菲特律翁因謀殺叔父被迫放棄王位，攜妻子兒女逃亡國外。於是多利安人打著「奪回海克力斯領地」的旗號，招兵買馬，大舉南下，攻占了包括斯巴達在內的希臘地區。

多利安人在希臘大地站穩腳跟後，統率大軍的三兄弟決定抽籤瓜分領地。結果，拉戈尼亞地區分到了老三手中。老三後來戰死沙場，他的兒子們繼承了領地。這裡陽光充足，水源充沛，算是整個希臘半島上的一塊富庶之地，具有較發達的農業基礎。在此建立的斯巴達，名字的原意就是「適合耕種的地方」。越來越多的多利安人遷移到拉戈尼亞，新的城鎮開始出現，平原中部歐羅達斯河畔的四個村落合併在一起，形成了斯巴達城。到西元前8世紀早期，附近的另一個村鎮也併入斯巴達城，由市中心到周邊平原構成了斯巴達城邦。

早期城邦發展的時代，拉戈尼亞地區群雄並起，斯巴達只是其中小小的一分子。斯巴達深處內陸，不像其他沿海地區，能便利地揚帆遠航。在全希臘航海大移民的時代，斯巴達沒有

第三章　斯巴達：好戰民族的崛起

把目光放在海外，只建立了一個殖民地。斯巴達集中精力壯大自己的軍事力量，透過武力征服鄰邦，最終強勢統一了拉戈尼亞地區。

斯巴達最初實行以血緣關係為基礎的氏族制，隨著部落之間的相互交流，人口遷徙、民族通婚等現象打破了氏族制度的屏障，進入奴隸制社會，政治制度也從軍事民主制轉變為王位世襲制。但是貴族對所謂的國王統治表露出不滿，他們聯合削弱了王權，發展出自己的貴族議會，並逐步把持了城邦大權。

斯巴達是全希臘地區的一個獨特的存在，從外在的城市格局到內在的經濟結構，都和一流城邦大相徑庭。大多數城邦是由一個核心城市和周圍的若干村落構成，但在斯巴達，該出現核心城市的地方，卻連完整的都市計畫都沒有，更別說宏偉華麗的代表性建築了，只有少數極普通的政府建築、運動場和神廟。斯巴達城邦一直都保持著農村風貌，放眼望去，都是鬆散簡單的屋舍。斯巴達人蔑視財富，倡導簡樸生活。

憑藉著豐富的土地資源，斯巴達農業始終處於經濟的主導地位，農產品可以保證自給自足，不需要進口。斯巴達人對貿易沒有太多興趣，後來也開始鄙棄文化和藝術。他們嚴格保持著自己的傳統，不允許外界思想入侵。人們生活有序，目標明確，嚴謹幹練，否定個人主義，對整個城邦懷有無限的忠誠，可以無私奉獻。他們對城邦強烈的自豪感和歸屬感，讓其他希臘人都感到嫉妒。

來古格士的改革

有一天，在斯巴達城市中心，一位改革家正在向民眾頒布新的法律。這時，人群中突然衝出一位反對新法的年輕貴族，他在憤怒之下戳瞎了改革家的一隻眼睛。民眾目睹了這怵目驚心的一刻，要求嚴懲這個年輕人。但改革家面無怒色，還將年輕人留在身邊照顧自己。相處日久，年輕人發現改革家並非自己想像中的陰沉乖張之人，相反地，他從容冷靜、仁慈無私。斯巴達能有這樣賢明的領袖真是一種榮幸和榮耀。

這位極具風度的改革家叫來古格士（Lycurgus）。來古格士出身皇族，是斯巴達國王歐諾莫斯的次子。他小時候，斯巴達社會衝突不斷，貴族爭權奪利，貧富差距日益加大。在一次動亂中，父親歐諾莫斯意外死去，來古格士的哥哥繼承父位不久後也去世了。只有來古格士是唯一的合法繼承人，但他並不貪戀王位，何況王后還懷有遺腹子。不久，王后生下了一名男嬰，來古格士為他取名卡里拉奧斯，寓意為「人們的歡樂」。他把姪子推舉為王，自己甘當輔佐之位。

崇高者總會遭到小人嫉妒，一些貴族聯合起來四處散播謠言，說來古格士別有用心，等到時機成熟就會廢掉小國王卡里拉奧斯。來古格士不想與他們爭辯，為了避開眾人的猜忌，獨自離開城邦，遠走他鄉。

他先後去了很多地方。當時，克里特是地中海區域最繁榮的

第三章　斯巴達：好戰民族的崛起

地方，來古格士極為欣賞這裡的社會制度。在愛奧尼亞，他見到了手抄本的《荷馬史詩》，並整理出其中涉及的法律、道德和制度。聽過《荷馬史詩》的現場吟唱，他把這部偉大的史詩帶在身上，後來在古希臘廣為流傳。他在埃及觀察到很多有效的管理方案，比如，把軍隊和普通民眾分開，禁止工匠和手工業者參與政治。他還沿路去了利比亞和西班牙，最遠到過印度，在那裡，他拜會了很多苦行僧。

此時，國內的局勢不容樂觀。來古格士走後，小國王年幼無法掌權，實權都握在貴族手中。他們一味地維護自己的利益，階級衝突更加激烈，國王的位置不斷受到威脅。動盪之中，斯巴達人想到了來古格士。

來古格士被請回國後，看到上下一片混亂，決定即刻著手一場徹頭徹尾的改革。為了讓那些桀驁不馴的貴族聽命於他，他首先要借助神的權威。

在德爾菲神廟，女祭司向來古格士轉達了神諭：神已經答應了他的祈求，將賜給他一部世界上最完美的法律。這部法律其實是來古格士早先擬定好的，稱為「大公約」。虔誠的斯巴達人都信以為真，心悅誠服地落實各項改革。

在此之前，斯巴達實行雙王制，兩位國王共同掌權，由兩個皇族分別世襲。一位國王負責日常事務，另一位負責軍事作戰。來古格士在改革中削弱了王權，只給他們祭祀和判決的權限，兩位國王權力相同，互相牽制。對於出身王族的來古格士，能做

到這一點實為難得。

　　同時，為了限制國王權力的膨脹，來古格士設立了 30 人元老院，負責處理國家行政事務，並為公民大會準備議案。30 人當中，除了兩位國王之外，其他人從國內 60 歲以上的公民之中選舉產生。這 30 人權力相當，連國王也不例外。元老院的選舉十分有趣：廣場上，候選人抽籤決定次序，一個一個從民眾面前走過，大家用大聲呼喊表示支持，用沉默無聲表示反對。得到的呼聲高低就代表了候選者的得分。而記錄員事先被隔離在廣場邊的一個小房子裡，只能聽到外面呼聲的高低，但看不到對應的候選人是誰。

　　來古格士也給公民參政、議政的權利，建立了由 30 歲以上的男性公民組成的公民大會。他們可以參加議案表決和官員選舉，現場也只記錄聲音的大小，不計票數。來古格士還增設了 5 名監察員，任期一年，監督司法是否公正，作為對權力機構的補充。

　　貧富懸殊是斯巴達最大的社會問題。來古格士重新分配斯巴達的土地，他軟硬兼施地說服了貴族，把全國土地平均劃分為 9,000 塊，分給 9,000 個公民，此後的戶數保持不變。他倡導節儉，限制使用奢侈品，房屋不能顯露豪華裝飾。為了防止財富集中在少數金融家手中，他用鐵棒取代金銀貨幣，並使貨幣貶值。這樣一來，人們買一件稍微昂貴的商品都要運一牛車的鐵，貨幣流通很不方便。來古格士認為，人們對金錢的興趣將因此逐

第三章　斯巴達：好戰民族的崛起

漸減少。

來古格士還建立了公共食堂，要求所有人統一在這裡用餐。這個措施最讓貴族頭痛，所以才發生了本篇開頭的那一幕，但最終貴族們還是勉強同意了。國民每人每月向食堂繳交定量的糧食和一點費用，每個人都吃一樣的飯菜。除了極少數窮苦人，不參加統一用餐的人會被剝奪公民權利。為了對付那些鑽漏洞的貴族，來古格士還規定，不允許來食堂之前先在家裡吃飽喝足。隨著人們逐漸習慣這種方式，食堂也變為一種社交場所。

一系列改革措施彌合了城邦內部的矛盾裂痕。來古格士強化了斯巴達人民的集體意識，還發展了全民軍事制度，建立起一個勇武有序的理想國度，並奠定了斯巴達此後五百多年的社會形態。但他的改革方針沒有任何文字紀錄，完全是口頭法令。原來，來古格士並不看重書面形式，認為法律得以真正貫徹執行才是最重要的。

來古格士推行改革後，看到整個城邦的穩定發展，決定將這套法律永久地保持下去。他想好了計策，告訴人民在他回來之前，誰都不能對法律做任何修改，並要求每個人宣誓。來古格士再次來到德爾菲神廟，詢問自己的法律是否完美，能否讓斯巴達永久繁榮，女祭司給了他肯定的回答。來古格士臉上露出了滿意的微笑，他轉身越走越遠，再也沒有回到斯巴達，最後絕食而亡。斯巴達人民永遠等不到他回來，就按照承諾將來古格士的法律長久維護下去。

麥西尼亞戰爭

　　斯巴達強勢征服了拉戈尼亞地區的原住民後，又把擴張的魔爪伸向麥西尼亞這塊肥肉。和平的國度被迫捲入一場持久的反侵略戰爭之中。

　　鄰近斯巴達的西部疆域是一片平坦的沃土，有一個愛好和平的部落在這裡耕種生活。這裡就是麥西尼亞，一個物產豐富的寧靜之國。

　　麥西尼亞並不落後，只是不熱衷於軍事爭奪。他們生活得安閒自如，並沒想到本是同族的鄰邦有一天會突然舉兵進犯。

　　約西元前 730 年，兩國交界處的士兵發生了小衝突，關於詳細起因，現在已經沒有資料可以說明。我們猜測，斯巴達早有侵略企圖，因此先挑起了事端。

　　於是，斯巴達人以麥西尼亞侵犯邊境為由，不由分說，直接征伐麥西尼亞。麥西尼亞雖然厭戰，但絕不容許敵人肆意踐踏，全國上下奮起反抗。團結的麥西尼亞人擋住了斯巴達軍隊對城市的攻伐，但斯巴達軍隊又把目標轉向農村，很多脆弱無依的村落淪陷了。在那裡，斯巴達人劫掠了大量糧食和牲畜，數千名農民被擄變為農奴。城市失去了農村的支撐，饑荒蔓延，加上久戰對國力的消耗，麥西尼亞節節敗退，最終屈辱地答應了斯巴達的條件，每年向斯巴達上交全部收成的一半。

第三章　斯巴達：好戰民族的崛起

　　但是，沒有人想淪為亡國奴，尤其是麥西尼亞國王阿里斯托德莫斯（Aristodemos），他決定帶領人民背水一戰。戰前，他派使者去德爾菲神廟詢問此戰吉凶。神諭說，麥西尼亞此戰可以取勝，但要在王族中選出一名童女作為犧牲獻給諸神。為了得到阿波羅的佑護，為了拯救生活在水深火熱中的子民，國王忍痛奉獻了自己的女兒。麥西尼亞的將士們深受感動，把對斯巴達的仇恨和對小公主的悼念通通化作英勇殺敵的士氣，一舉擊潰了斯巴達。他們沒有辜負國王和公主，一鼓作氣，乘勝追擊，收復了很多失土。

　　很少受到重創的斯巴達，休息整頓了許久，以致阿里斯托德莫斯還以為斯巴達已經就此罷手了。

　　當攻伐的號角再次傳來，國王憂心忡忡，又去向神明卜問。神諭說，誰能先在宙斯祭壇上供奉一百個三角鼎，誰就是戰爭最後的勝利者。於是，誠懇樸實的麥西尼亞人連夜趕製，塑模、烘燒，再用青銅液體澆注。鑄鼎需要很多的工序，工匠們在國王的督促下已經盡力縮短時間，但還是輸給了狡猾的斯巴達人。

　　斯巴達人聽說這則神諭後，用黏土直接塑出一百個三角鼎，趕在對手之前，把這些鼎獻給了宙斯。可憐的阿里斯托德莫斯只覺無力回天，大局已定。麥西尼亞軍隊士氣大減，他們在絕望之中，眼見斯巴達衝破防守，不費吹灰之力攻下了都城。國破家亡讓國王哀痛欲絕，他來到女兒的墓前自盡了。歷史上的第一次麥西尼亞戰爭以斯巴達的勝利告終。

麥西尼亞戰爭

麥西尼亞少部分「持不同政見者」被流放異地，大多數人淪為奴隸。也正是他們建立了斯巴達唯一的殖民地塔拉斯。就是在這個時候，麥西尼亞人的名字在奧林匹克運動會的紀錄中消失了。

純粹的暴力和壓迫是無可辯駁的惡行，更何況，斯巴達的奴隸人數遠多於公民人數，每八個人中就有七個奴隸。斯巴達人對奴隸的殘暴激起了麥西尼亞人的憤怒。西元前6世紀，阿爾戈斯人第一次大勝斯巴達人之後，麥西尼亞人緊隨其後，發動了第二次麥西尼亞戰爭。

為首的是年輕領袖阿里斯托美尼斯，他事先聯合各地的同胞，並獲得了一些城邦的支持。起義軍隊懷著對故國的思念和對侵略者的仇恨，在戰場上勇往直前，屢戰屢勝。

斯巴達人招架不住，又使出一條詭計──他們收買了麥西尼亞的盟軍首領。在一場決定勝敗的戰役之中，麥西尼亞一方即將接近勝利的那一刻，盟軍叛變了。全軍大亂，麥西尼亞人猝不及防。斯巴達人伺機反攻，起義軍傷亡慘重，被迫退守山區。其後，雙方又僵持了十幾年，但麥西尼亞最強盛的士氣已一去不返，在斯巴達人的步步緊逼之下，越戰越弱，直至全軍覆沒。

從此，麥西尼亞的土地歸斯巴達所有，淪為奴隸的人絲毫沒有改善自己的處境，仍然為斯巴達人做牛做馬。

人們都頌揚斯巴達人的勇猛無敵，但其實他們也有殘酷和狡詐的一面，以善戰聞名的民族在戰爭中也會以陰謀詭計取

第三章　斯巴達：好戰民族的崛起

勝。他們對待自己都無比嚴酷，對待被征服者就更加殘暴了。

經由不斷對外征戰，斯巴達社會形成了三個等級。首先，是斯巴達本族人，他們自稱「平等人」，平等地享有土地和公民權；其次，是庇里阿西人，即「藩民」之意，他們是拉戈尼亞原住民或是自願投降的麥西尼亞人，屬於自由民，主要經營工商業，無權參政；最底層的是希洛人，也被稱為「黑勞士」，由曾經熱愛和平的麥西尼亞人淪為斯巴達人的奴隸，忍受著無盡的壓迫。

軍事化國度

一個男孩從出生開始，就必須努力成為戰場上的精兵強將，否則將面臨無情的淘汰。他先是被送到政府指派的檢查員手中，檢查員憑藉自己的經驗來判斷嬰兒的生存能力，以及將來成為勇士的可能性。健壯的孩子會交還給父母繼續撫養，那些不幸羸弱的孩子則會被丟到懸崖下的棄嬰谷，因為他們將來一定是不會打仗的廢物。

父母也無法按照自己的規劃培養孩子，他們的使命就是幫孩子鍛鍊耐性、增強體質，為將來作戰打下良好基礎。斯巴達男孩經過檢查員的檢驗之後，還要接受父母的考驗。母親幫孩子沐浴的時候，用的不是水，而是烈酒，出現痙攣或抽搐的嬰

兒依然會被視為不健康。父母從來不會把嬰兒溫柔地呵護在襁褓中，而是讓他自然生長，鍛鍊他不怕黑、不挑食、不調皮、不撒嬌，且唯命是從，這樣才能適應 7 歲之後的集體生活。

全民軍事化是來古格士改革中影響最深遠的一項。歷史上從來沒有第二個國家像斯巴達這樣熱愛戰爭，用畢生的精力準備戰鬥。戰爭是殘忍的，他們的訓練也嚴酷得讓人難以置信。戰士們的驍勇善戰是他們一生自覺服從、忍耐和競爭的結果。

年滿 7 歲的男孩就要離開父母，被編入公共的少年團隊，由國家撫養。在這裡他們既能學習知識又能獲得訓練，當然，文化學習只占很小一部分，會認字、寫字就足夠了。孩子們密集地參加各種體育鍛鍊，比如跑步、擊劍、拳擊和擲鐵餅等。當然，他們的運動也不像其他希臘人那樣是為了強身健體和體育競技，軍事價值才是真理。

少年團隊的每一個班級都由最勇敢的兒童擔任首領，其他兒童服從於他，並設法勝過他。兒童首領有權向其他兒童提出要求，對於未滿足要求的人可以實行處罰。年長者還會在孩子之間製造衝突，促使他們互相鬥毆，鍛鍊他們的勇氣和耐力。

集體生活異常艱苦，孩子們赤腳走路以鍛鍊腳力，訓練時赤身裸體。12 歲以後，他們剪掉頭髮，無論冬夏只穿一件單衣，並且露天過夜，睡在自己割來的乾草上。他們只能徒手割草，手上經常劃滿傷痕。訓練之後，就跳到冰冷的河水中洗澡，因為溫水和軟膏一類的東西會讓人意志軟弱，而寒冷和堅硬能夠磨

第三章　斯巴達：好戰民族的崛起

練他們的抵抗力。這些孩子，從來不曾體會過舒適的感覺。

　　常有國王或官員來觀看孩子們的戰鬥演習。那是一種非常殘酷的搏鬥，雙方沒有任何武器，沒有任何保護，赤手空拳的同時允許用各種方式攻擊對手，踢打、撕咬，甚至更殘忍的方式都可以。只要打倒對方，就會獲得榮譽和獎賞，越強勢的勝利者越有可能在日後被任命為軍事首領。男孩們通常在搏鬥前一晚用小狗來祭神，因為狗象徵著機靈和勇猛。然後，他們把公豬當作對手演練一番，為第二天的比賽做準備。

　　斯巴達人過著苦行僧的生活，尤其是受軍事化訓練的人。分發給他們的食物很少，為了讓他們在吃不飽時學會偷竊食物，無論是什麼場合，都鼓勵他們偷竊。偷竊成功者贏得光榮，而失敗者不僅會受到懲罰，回來還會挨打，因為這都怪他沒有成熟的偷竊技術。

　　每一年，這些青少年還要接受一次純粹為了鍛鍊意志的鞭笞。不知道訓練員為什麼要把地點選在阿蒂蜜絲神廟前──女祭司站在一旁，手持女神像，口中不斷鼓吹執鞭者再更狠一些，直到鮮血濺到石柱上。而從頭至尾，被鞭打的男孩都不能發出一聲哀號，不能求饒，也不能畏縮。這也是一種考驗男子漢骨氣的儀式。

　　終於熬到20歲，他們可以被編入正式軍營了。在這裡他們開始接受為期10年的正規軍事訓練，也是在這裡，他們蓄起象徵勇猛的長髮。到了30歲，他們經歷了前一半人生的艱辛磨

練，終於擁有公民身分，可以與長輩共同用餐，也可以結婚成家了。但他們依然要保持軍營中 15 人一團的組織模式，平時一起紮營，每天堅持出操，隨時準備應徵作戰，直到 60 歲方可退役。

平日經受密集訓練的戰士，一旦到了戰爭時刻，反而少了很多嚴格的紀律管束。戰前準備時，他們終於能夠梳一梳頭髮，整理一下容貌，裝飾一下武器和服裝。日常待遇也提高了，訓練也放鬆了，大家高高興興地出發，個個躍躍欲試，對戰爭的危險毫無恐懼。斯巴達人在出征時才能享受輕鬆舒適的生活，這一點恐怕世所罕見。

斯巴達男人一生飽受磨練，充滿汗水和鮮血，但從小受到的教育讓他們把戰鬥當作天職，視戰鬥榮譽為生命。

這也是全體斯巴達人的價值觀。如果說男人的使命是戰鬥，女人的職責就是生養最優秀的孩子，生了男孩就鍛鍊他的體力與意志，若是女孩就把她培養得健康強壯。所以，斯巴達很重視優生學，甚至可以為此借用別人的丈夫或妻子。

戰士出征前，斯巴達母親從不表現出掛念和心疼。她們深明大義，嚴肅地告訴兒子：若不能與你的盾牌同歸，那就死在盾牌上。

可是再嚴格的訓練，也不能保證百分之百培養出優秀士兵。而且，這樣的體制也未必對所有人適用，那些無法承受艱苦軍事訓練的人將面臨悲慘的命運。不僅受到人們的侮辱、鄙視，還會被冠上「瑟縮者」的惡名。瑟縮者只允許穿著有彩色補丁的衣

第三章　斯巴達：好戰民族的崛起

服，剃掉一半鬍子，像很多野蠻文明的懲罰一樣，這也是侮辱他們的一種方式。在廣場上，他們備受嘲弄，親戚也因受到牽連而唾棄他們。他們沒有參與公共事務的權利，沒有女人願意嫁給他們，甚至也沒有男人願意娶他們的姊妹。

希洛人終獲自由

「在斯巴達，自由人是世界上最自由的人，奴隸則是最悲慘、最徹底的奴隸。」希臘作家普魯塔克（Plutarch）在《希臘羅馬名人傳》（*Parallel Lives*）中這樣寫道。

麥西尼亞戰敗後，喪失的不僅是全部國土，還有千萬人民的幸福和尊嚴。絕大多數麥西尼亞人淪為斯巴達人的奴隸，被稱為「希洛人」。在斯巴達人眼中，希洛人是最卑賤的群體，相當於整個城邦的共同財產。

當然希洛人並非毫無自由。他們可以隨意結婚，任意生育，有自己的村落，和家人住在一起，不會被販賣到其他地區，可以支配一部分用具和農產。

儘管可以按照自己的方式耕種，但希洛人需要日日夜夜在土地上為斯巴達主人勞動。他們只有在田野間、樹林中工作時才能獲得大自然的慰藉，但也免不了隨時遇害的危險。有一首詩描述了希洛人牛馬不如的生活狀態：

他們像驢子似的背著無可忍受的負擔，

他們受著暴力的壓迫啊，

從辛苦耕作中得來的果實，

一半要送進主人的倉庫。

每當戰爭發生時，希洛人還要隨著主人出征作戰。好鬥的斯巴達人經常向外擴張，所以希洛人的軍役負擔十分沉重。波希戰爭期間，就有3.5萬希洛人隨著斯巴達軍隊出征。斯巴達的部隊主力是重裝備步兵，每一個士兵的整套裝備有30公斤重。行軍時，這些負重就交給希洛人承擔，他們還負責為主人準備補給。作戰時，希洛人緊跟在主人身後，用棍棒擊殺受傷的敵人，並保護主人的安全。一旦遇到危險，希洛人還要被迫組成先鋒隊，用生命為軍隊打探敵人的虛實，用血肉消耗敵軍的兵力，很多希洛人就這樣成了戰場上的炮灰。不過，這還不算最無辜的死，斯巴達人對希洛人的肆意屠殺已是家常便飯。因為斯巴達的「平等人」遠少於希洛人，他們時刻提防希洛人的崛起和反抗，製造各種機會迫害希洛人。雖然奴隸主個人不能亂殺奴隸，但以集體的名義就顯得名正言順了。

每當新的監督員上任時，第一件事就是向希洛人「宣戰」，以宗教之名進行屠殺。國王和元老院也把槍口對準希洛人，他們經常派出受軍事訓練的青少年，組成分隊，潛伏在希洛人的村莊周圍，一旦看到強壯有力或有反叛嫌疑的希洛人，到了晚上就去他的家中把他殺死。斯巴達人想扼殺一切反抗的萌芽，

第三章　斯巴達：好戰民族的崛起

寧可錯殺，也不放過任何鎮壓的機會。

斯巴達人曾答應希洛人，如果能在戰爭中立功就可以獲得自由。於是，希洛人全力以赴，在戰場上拚命為斯巴達軍隊戰鬥。有兩千名勇武的希洛人付出巨大的代價換來了顯赫的戰績，他們得到了斯巴達人親手為之戴上的花環，還被帶到神廟，感謝神明的保佑和恩賜。當這些受傷、疲憊卻滿懷喜悅的希洛人走出神廟，準備為自由歡呼時，迎接他們的卻是一場血腥的大屠殺。斯巴達人殺死了為他們拚死效力、如今手無寸鐵的兩千名奴隸勇士。

士可殺，不可辱。最讓希洛人難以容忍的是斯巴達人對他們的侮辱。斯巴達人令希洛人穿一種特殊的衣服，用來代表他們卑賤的人格，不允許他們擁有任何獨立的特徵。奴隸主還毫無緣由地鞭打希洛人，尤其是在接受訓練的青少年面前，一來讓希洛人記住自己為奴的身分，二來從小為孩子們灌輸高低貴賤的等級觀念。

希洛人成為斯巴達人用來教育男孩的工具。在青少年用餐時，希洛人常常被召集去喝未摻水的烈酒，喝醉後進行粗陋可笑的歌舞表演。男孩們要大聲嘲笑、侮辱這些喝醉的希洛人，他們從嘲笑中明白：不能過度飲酒（征戰不休，醉酒誤事）；希洛人是如此低賤下等。年長的斯巴達人也不斷在一旁強調斯巴達人和希洛人的差異，防止孩子有絲毫質疑。

斯巴達人對自己的訓練和對待希洛人一樣嚴酷。但斯巴達

人自身的嚴酷帶有高度榮譽感和歸屬感，而希洛人只有無盡的屈辱和痛苦。當斯巴達人野蠻到一定程度時，希洛人終於不願再繼續忍受了。他們多次進行武裝起義，雖然屢遭鎮壓，但從未放棄反抗的努力。

機會又來了。西元前464年，伯羅奔尼撒半島發生了一次大地震，斯巴達城邦有兩萬多人死亡，社會一片混亂。希洛人趁機團結起來，發動了遍及全國的大起義。他們殺死了自己的奴隸主，圍攻到斯巴達中心，來勢洶洶。斯巴達人又束手無策了，急忙召集士兵，並向雅典等城邦求助。在古希臘各城邦的聯合鎮壓下，希洛人只好再次退守山區。他們在那裡建立根據地，頑強抵抗斯巴達軍隊。如果投降，不僅此前的反抗功虧一簣，還會受到斯巴達更殘酷的壓迫。頑強不屈的希洛人堅持反抗了十年，這就是第三次麥西尼亞戰爭。

斯巴達雖有盟軍，有強勢武力，但糧食的供給中斷了。因為一直是為奴的希洛人替他們耕耘收割，如今奴隸罷工、鬧革命，他們自己忙著鎮壓革命，大片土地無人照顧，糧食緊缺，內外交困的危機一觸即發。而一部分「藩民」也加入了希洛人的起義，斯巴達四面楚歌。

迫於種種壓力，斯巴達人終於讓步了，透過談判，他們同意希洛人離開城邦，擁有自由。

希洛人原本並不善戰，缺乏軍事訓練，但對於自由和尊嚴的追求令他們奮起反擊，戰勝了強悍野蠻的壓迫者。暴力並非王

第三章　斯巴達：好戰民族的崛起

道，血腥之下的統治永遠不會長久！

　　重獲自由之後，希洛人也應該改稱為麥西尼亞人了。麥西尼亞人離開伯羅奔尼撒半島，乘船西渡，來到了西西里島東北部。歷經坎坷的民族在這裡重整旗鼓，建立了贊克洛伊城邦，也就是今天的義大利城市墨西拿。西元前369年，在底比斯和其他斯巴達宿敵的幫助下，麥西尼亞也終於恢復了獨立。

第四章
航向未知：希臘的海外殖民時代

第四章　航向未知：希臘的海外殖民時代

遠赴他鄉的希臘人

對於勇於冒險的古希臘人來說，得天獨厚的地理環境為他們提供了揚帆遠航的優勢。但就像奧德修斯和同伴們在海上漂流十年，縱使身處溫柔富貴鄉，還是要千方百計地返回故里一樣，希臘人對生於斯、長於斯的大地深情眷戀。

希臘半島多為山地，分散的平原和貧瘠的土地不適合建立大國，人口少、規模小的城邦就成了最好的組織形式。西元前8世紀，隨著文明的復甦，城邦社會漸具雛形。到了西元前7世紀初，希臘各地已有幾十個地區形成城邦制社會。希臘城邦又被叫作「polis」，是古希臘特有的社會政治組織，對後世的國家政治有著深遠影響。英文單字「political」（國家的、政治的）和「politics」（政治）兩詞的詞根就是 polis。

那麼，希臘人為何要離鄉背井、進行一場轟轟烈烈的大移民運動呢？

其實移民海外是希臘人迫不得已的行動。隨著希臘半島上城邦的不斷湧現，島上的人口逐漸密集，所需的土地和糧食也日益增多。資源有限的情況下，萬一遇到凶年饑荒，就會引發劇烈的社會衝突。誰都不想看到慘劇發生，於是，一部分希臘人決定離開故鄉，到更廣闊的地方尋找生活的希望。其中少部分人身為貴族，因為在權力鬥爭中失利，才不得不另尋土地，謀求歸宿。

遠赴他鄉並不是一個容易做出的決定。為了緩解城內危機，城邦召開公民大會，共同探討這個攸關全國命運的大事。沒有人願意離開故土，但是只有分散謀生，才能更好地活下去。通常，每一次移民遠航之前，城邦會徵集自願參加的公民。遇到特殊的強制情況，則會要求每一個家庭中的年輕力壯男子都必須參加移民，只有長子可以留下來照顧家庭。城邦先選定移民目標，獲得神諭的支持以後，再指派一位創始首領，並制定新的定居點規範，比如每個人可以獲得多少田地（一定比在故鄉擁有得更多），這樣一來，沉浸在離鄉之苦中的人多少可以獲得一些慰藉。

一切準備就緒，城邦組織船隊，備好路上的食糧，將移民運送到目的地。在首領的帶領下，人們含著淚水踏上了遠行的船，行囊中裝載著親人們無盡的叮囑、祝福和掛念。

海風捲起層層波浪拍擊著船板，故鄉的陸地變得渺茫。被迫開始的航海更顯得疲憊、枯燥，並且充滿了未知的危險。經過重重波折，人們終於憑藉智慧和毅力抵達了計畫中那片陌生的地方。從《荷馬史詩》中我們可以看到理想移民地的風光：

大片綠油油的草地，

還生長著難以計數的葡萄，

甜美可口，平坦的地方……

若好好開墾，

一定可以收穫大量的糧食。

第四章　航向未知：希臘的海外殖民時代

　　風塵僕僕的希臘人登上陸地，由首領帶著大家安家立業，每一個移民都分到了相應的住所和土地。他們不再享有母邦的公民身分，而是在新的領地享有新的權利。誰的業績出色，誰就會成為新城邦的統治者，死後就是這裡的守護英雄。和在母邦一樣，他們在新的城邦沿城築起高高的圍牆，建立新的廟宇，讓故鄉的火種在這裡繼續燃燒，世代相傳，親族關係和共同的宗教使新城邦和母邦緊密相連。他們繼續保持故鄉的祭祀儀式，為此，還特地請男女祭司隨行移民。

　　每一個海外新城邦都與母邦信奉同樣的神，使用同樣的語言，傳承著母邦的文化藝術，也保持著經濟往來。久而久之，移民地也成了貿易的中繼站。當時古希臘和腓尼基經濟交流頻繁，很多食物和器具透過各個移民地流通到雙方的市場之中。不過，新城邦在政治上不再依附於母邦，而是成為獨立的自治機構。隨著時間的推移，母邦和新城邦之間的關係也產生了不同的變化，有的日益親近，有的則日漸疏離，甚至發生衝突。

　　希臘人首先沿著腓尼基商人開拓的路線，在義大利和西西里群島上建立殖民地，希臘半島上的很多民族和城邦競相來到地中海西部，尋獲肥沃的土壤，直到他們遇見迦太基人。雄心勃勃的迦太基人想在周邊建立自己的殖民帝國，用武力驅逐爭奪者，希臘人的擴張就此終止了。於是，他們又轉向東北方的赫勒斯滂海峽和黑海，那裡有著豐富的魚類和飽滿的穀物。建立了一些定居點之後，他們同樣遭遇了埃及和巴比倫的阻擋，

經過法老的允許，希臘人只能在埃及沿海地區建立一些商站。

不過，經過二百年的奮鬥，希臘人還是大幅擴張了自己的領地，這片廣闊領域被稱為「大希臘」。新城邦的人們遵從古希臘的一切習俗，生怕落後於希臘半島上文明的發展節奏，他們透過這些方式來表明自己是希臘人。

當然，他們也習慣性地把移民地的原住民視為「野蠻人」。離鄉背井的希臘人和這些非希臘人共同生活，互相交易、平分領地，甚至通婚。只有少數城邦能夠成功驅逐原住民，或者使他們成為自己的奴隸──很難說這本身不是一種野蠻行為。

僭主政治

隨著城邦的發展，貴族政治體系在希臘各地廣泛建立。原本就稀缺的土地資源中，貴族霸占了最好的那部分。雖然很多人移民海外，緩解了耕地不足，但要讓平民手中的貧瘠土地產出足夠的糧食還是相當困難。

每一個新興的複雜社會都會呈現一種共同模式：人口成長，城市化，手工業興起，商品貿易發達，文化藝術水準提升。大多數古代文明社會發展到這個階段，財力、權力和軍力都會集中到少數菁英手中，之後便形成了君主體制。古希臘卻與眾不同，探索著自己獨到的民主道路。他們對最高權力不斷審慎思

第四章　航向未知：希臘的海外殖民時代

考，並且從不以出身決定統治地位。

法律是由統治階層的貴族們制定的，他們自然千方百計地維護自身的權益。越來越多不公平的判決讓百姓深感憤怒，卻無能為力。

貴族階層內部也因為權力和名譽的爭奪而連年惡戰，年輕魯莽的貴族宗派時常發生激烈衝突，暴力和流血事件不斷。由於貴族家族的血緣傳承，他們之間的衝突也世代不休。在這種艱難的時代，如果有強而有力的領導者出現來控制混亂的局面，必定會受到百姓的歡迎——儘管他也會引起貴族的不滿。於是，「僭主」應運而生。

在早期城邦時代，希臘各地都出現過僭主政治。「僭主」是指非正常選舉而上臺執政的人，他們用暴力等非法手段推翻貴族的寡頭政治，建立起個人獨裁統治。最初，這個詞語並無貶義，僭主的政績因人而異，有賢主也有暴君。後來，利益受損的貴族對奪權的僭主恨之入骨，到處進行負面宣傳，加上有的獨裁者不能肩負維護城邦公民利益的使命，而殃及所有人的財產和自由，人們自然會對統治者產生不滿，於是，「僭主」一詞由此開始指代「暴戾惡毒的統治者」。不過，這一時期的人們普遍對僭主持讚許態度。

古希臘人對「世襲」毫無興趣，他們衡量一個人是否值得擁護為統治者，不是看他的出身，而是看他的成就。所以，很多僭主會先成為軍事統帥，建立功勳，或者去參加奧林匹克運動

會，奪得冠軍，透過各種管道獲得人們的認可和支持。坐上統治者的位置後，他們還要繼續有所作為，讓百姓信服，鞏固自己的權威。比如，佩里安德（Periander）就曾藉助大興土木和舉辦慶典來博得民眾的讚譽。

不過，主要的政績還是以促進社會發展為標準。僭主制定法律限制貴族的特權，限制他們使用奢侈品，並禁止鋪張浪費。同時，他們鼓勵商品買賣和手工製造業，支持所有文化活動，歡迎各地傑出的詩人、藝術家、思想家。

歷史上，沒有一個僭主建立過可以延續的王朝，其子嗣大都無法良好地繼承父輩的業績。一方面，他們的個人魅力不足，另一方面，他們利用專制權力壓榨百姓，不得民心。而貴族階層始終是他們的死敵。

僭主政治最早出現在經濟相對發達的城邦，古希臘最著名的兩位僭主是科林斯的佩里安德和雅典的庇西特拉圖（Peisistratus）。

佩里安德是西元前7世紀科林斯的第二任僭主，也是罕有的子承父業的優秀案例。父親去世後，佩里安德執政，改革了科林斯的工商業，修道路、鑿運河，使交通運輸更為便捷，商業更發達。他還准許失利貴族和貧民移民海外，並降低稅率，擴大經濟來源。他不僅熱衷於科學和文藝，還是一位善於思考的業餘哲學家，留下了不少智慧的名言。晚年的佩里安德嚴厲打擊干涉統治的貴族，但對百姓始終採用溫和政策，深受百姓愛戴。

第四章　航向未知：希臘的海外殖民時代

　　大概是得罪了太多人，佩里安德怕死後遭到報復，便想方設法地隱藏自己的墓地。他找來兩個人，吩咐他們在夜裡沿著他說的小路殺掉遇到的那個人，然後把他埋好。又吩咐四個人去追殺前兩人，又吩咐更多人去追殺後來的四個人……於是，在自己的精心謀劃中，佩里安德祕密地被兩個殺手害死了，這兩名殺手以及後來的殺手也隨之送命。

　　另一位為人稱頌的僭主是雅典的庇西特拉圖，他也是罕見的兩次上任的統治者。他不斷打擊敵對派別，又在百姓面前塑造出公正嚴明、親民慈善的形象。他組織了一支強而有力的衛隊，發動事變趕走了貴族統治者。他在派別鬥爭中起起落落，失利之後汲取經驗，重新奪回政權。庇西特拉圖把流亡貴族的土地分給貧民，還幫貧民償還貸款，購買農具。他還設置巡迴法庭，到各個村莊處理訴訟案件，甚至微服私訪，體察民情。他修葺神廟，改進了雅典的供水設施，並邀請外邦文化名人來雅典訪問，促使酒神節從地方推展至全國。

　　庇西特拉圖去世後，僭主之位傳給了長子希庇亞斯（Hippias）。希庇亞斯原本繼承了父親的溫和政策，不料在一次節日盛會上，他的弟弟希帕爾克斯（Hipparchus）遇刺身亡。之後，他害怕自己也遭遇不測，就加強了對雅典的統治，極力迫害政敵、鎮壓百姓，整個雅典籠罩在恐怖之中。終於，雅典人聯合斯巴達人發動武裝政變，終結了庇西特拉圖家族的獨裁統治。

　　在當時的社會歷史環境下，僭主政治發揮了正面的作用。

從亂世中走出的僭主們，延續了舊制度中的積極政策。雖然僭主政治存在的時間不長，但它打擊了貴族勢力，更傾向平民利益，使經濟、文化和政治得以充分發展。

僭主政治推翻了貴族統治，又被人民推翻，古希臘在特立獨行的探索道路上逐步接近理想的民主與自由。

古風時代

四百餘年的黑暗時代過去了，希臘半島的文明逐漸從沉睡中醒來。黑暗時代已去，黃金時期未至，中間這段過渡期被史學家稱為「古風時代」。希臘的歷史日漸清晰，因為希臘人開始用紙草書寫。在 15 世紀印刷機問世以前，希臘人不厭其煩地把流傳下來的文字抄了又抄，其中就包括希臘文學史上第一部個人作品《工作與時日》（*Works and Days*）。

「北風越過馬群遍地的色雷斯，吹到廣闊的大海上，攪得海水洶湧翻滾，所到之處，大地森林發出吼聲，山谷中枝葉繁茂的高大橡樹和粗壯的松樹被連根拔起，倒在豐產的大地上。」當赫希俄德（Hesiod）寫下這些句子時，他正端坐在一所建築精良的溫暖房舍裡，遙望著風雪中的赫利孔山。也許，當時的他還不知，自己筆下的這首長篇敘事詩將是後人研究希臘古風時代最生動的資料。

第四章　航向未知：希臘的海外殖民時代

　　赫希俄德住在波俄提亞城的一個小鎮上。他自稱某天在山坡放羊的時候，遇見了繆斯女神，她向他的體內注入了詩的靈魂。此後，赫希俄德開始了詩歌創作。

　　和大多數希臘年輕人一樣，赫希俄德痴迷於希臘大地上的神話故事，為此，他撰寫了一部諸神系譜，但是關於這首長詩的真正作者有很多爭議。赫希俄德唯一被後人明確認可的詩，是一首關於農民生活的田園詩，這就是《工作與時日》。

　　詩中，赫希俄德表達了對哥哥珀爾修斯（Perseus）的斥責和忠告。原來，他們的父親去世後，兄弟倆在分配父親留下的土地時產生了衝突。珀爾修斯靠著賄賂法官從赫希俄德手中騙走了一份土地，富足的哥哥從此遊手好閒、奢侈享樂，最終窮困潦倒，又來求助弟弟。也許這只是作者因文學創作所需而杜撰的故事，但這都無關緊要，反正沒有人會懷疑他筆下多彩多姿的鄉村生活。

　　傳說，赫希俄德曾在創作比賽中贏了荷馬，因為荷馬歌頌英雄和戰爭，而赫希俄德更關心百姓和生活。他認為，人只有透過勞動才能增加羊群和財富，而且也只有辛勤工作才能得到永生神靈的眷愛。在《荷馬史詩》中，這些獎賞只屬於英雄人物，而赫希俄德把勞動看作和戰場上的英勇一樣美好的品德，簡單樸素的鄉村生活帶給他腳踏實地的價值觀。對於赫希俄德和他的鄰居們來說，財富就是「穀倉裡堆滿維持生計的口糧」而不求於人，名聲就是受到村中所有人的尊重。古風時代的道德

觀核心就在於辛勤工作。

為了教導他的兄弟靠雙手經營自己的生活，赫希俄德還寫下了從事農事的規則。比如，用月桂樹或榆樹做犁桿才不會遭蟲蛀；9歲的公牛耕田力氣最足；雲中的鶴鳴預示著雨季的來臨；二、三月份要修剪葡萄藤，否則葡萄就沒有收成；在仲夏之時要吩咐奴隸動手建造穀倉。接著，他叮囑這位讓人操心的哥哥，夏季不宜飲酒過度，冬季不宜穿衣單薄。透過細緻入微的囑咐和教導，一幅早期農村生活的畫面清晰地呈現在我們面前。

表面上，這首詩是作者寫給他哥哥看的，但有些部分，赫希俄德又站在百姓的立場上，毫不客氣、言辭激烈地斥責統治階級。他稱呼這些人為「侵吞賄賂」的「巴昔琉斯」，一針見血地指出他們恣意做出的不公正判決。他借用正義女神來威懾囂張的統治者，說神靈在「監視著人間的審判和邪惡行為」。可見，那個時代的希臘人已經形成基本的公民道德觀，監督政府的所作所為，勇於反抗不公正的管理。

赫希俄德坦誠地告訴我們早期希臘社會的醜惡無恥，還說王公貴族們的奢侈生活都是寄生在農民的辛苦汗水之上。小農們生活在階級壓迫之中，極端貧困，正所謂「遍身羅綺者，不是養蠶人」。在《工作與時日》裡，我們可以聽到農民揭竿而起的有力呼聲，似乎此後的希臘民主改革者都是在赫希俄德的詩中應聲而起的。

不過，赫希俄德所處的階層本身也是剝削者。他理所當然

第四章　航向未知：希臘的海外殖民時代

地認為，農民應該僱傭幾個僕役，計算好他們的食物，以便他們吃飽之後專心為僱主幹活。他也嫉恨娶妻生子的代價，認為那些敢與丈夫同席而坐的妻子全都厚顏無恥。赫希俄德還認為，如果娶了一個依靠丈夫吃飯的妻子，會敗壞自己的名聲，懶惰是女人最可恥的惡行。「信任女人就是信任騙子。」赫希俄德的女性觀近乎商業化，但這並非是他個人的好惡，而是古風時代常見的一種態度。

不朽的伊索寓言

小時候，我們都聽過《伊索寓言》(Aesop's Fables) 中的故事，它們簡短有趣，又引人深思。令人意想不到的是，這些故事的作者伊索（Aesop）是奴隸出身，並且很可能不識字。

泰戈爾（Rabindranath Tagore）在《漂鳥集》(Stray Birds) 中寫道：「世界以痛吻我，要我回報以歌。」無論生活賜予我們什麼，我們都應該欣然接受，即便困於逆境，也不放棄對愛與善的嚮往，也不臣服於世俗的險惡與不公。在這方面，伊索是我們的榜樣。

伊索具體的生卒時間已不可考，最早記錄他故事的是古希臘歷史學家希羅多德（Herodotus）。希羅多德認為，伊索不是希臘人，而是來自色雷斯、生活在薩摩斯島的一名奴隸，時間大

概是西元前 6 世紀初。

　　伊索天生是個啞巴,長得矮小醜陋,受到周圍所有人的嘲笑和鄙視。不過,他有一位慈祥善良的母親,她總是把伊索抱在溫暖的懷裡,對他說各種有趣的故事。伊索雖然不能用語言和母親交流,但他感受到了母親的溫柔與聰慧,他的心中種下了寬容和睿智的種子。

　　母親離世後,可憐的伊索更加沒有依靠,受盡人們的冷眼和打罵。每當遇到不順遂,伊索就獨自跑到林間草地,找那裡的小鳥、小蟲、小花做伴,安慰自己。在大自然的清風中,他的憂愁得到了暫時的化解。後來,他離開家鄉,四處流浪。夜晚露宿營火旁,他從旅人口中聽到很多關於自然和動物的故事。原來,動物和人一樣,也欺善怕惡,也鉤心鬥角,也心存善念,也尋找光明。歷經坎坷,伊索心中百感交集。

　　後來,伊索在路上遇見強盜,被賣到薩摩斯島的一個貴族家庭做奴隸。悲慘的命運並沒有打垮伊索對生活的信念,他沒有怨天尤人,而是平和地接受了這一切。這時,他迎來了生命的轉機。

　　一天夜裡,伊索在夢中見到了神明。神微笑地看著伊索,伸出一根手指放入伊索口中,輕巧地舒展了他打結的舌頭。清晨,伊索睜開眼,感到口中比以往輕鬆舒適,他竟然能說話了!神靈來遲了,卻用精準生動的語言作為對他的補償。伊索成了最會講故事的人,他把曾經的所聞所思編織成精妙的故事,把母親

第四章　航向未知：希臘的海外殖民時代

的溫柔和自然的哲思傳遞給世人。

他的寓言故事沒有什麼草稿，完全憑記憶講述，故事的主角多半是性情多變、品行不一的動物。很多耳熟能詳的經典故事都是他的傑作，比如警告驕傲自滿者的「龜兔賽跑」故事、教人明辨善惡的「農夫和蛇」故事、告誡說謊者的「狼來了」故事。他用凝練的語言和恰當的比喻告訴了人們為人處世的道理。

工作期間，大家把聽伊索的故事當成一種娛樂放鬆，他的故事既能消除疲憊，又使人深思明理。伊索還靠著他的機智救過自己的朋友，幫主人處理過難題。主人很感激這個聰明的奴隸，就把他釋放了。

重獲自由的伊索依然四處流浪。他遊歷了希臘各個城邦，有權參加公共事務，與梭倫（Solon）、泰利斯（Thales）等人都有來往。有一次，一個城邦的國王派伊索處理外交事務，並要他把一批黃金平均分贈給當地居民。那裡的人貪婪成性，伊索和他們發生爭吵，把黃金原封不動地運了回去。此舉激起了貪婪民眾的憤怒，他們編造說，伊索在故事中講神是對神的不敬。報復的目的達到了，伊索以瀆神的罪名被他們推下了懸崖。伊索死後，當地災禍不斷，人們都認為這是伊索冤屈與憤恨的回應。

會講故事的人雖然不在了，但他那些生動有趣的故事一直流傳在世，深入人心。

伊索沒有親自記錄他的作品，世界上第一部《伊索寓言》是亞里斯多德（Aristotle）的再傳弟子德米特里（Demetrius）編寫

的，不過也早已散佚。到了羅馬人統治時期，又經修道士普拉努得斯（Maximus Planudes）整理收集，加上對古希臘寓言的傳抄編訂成書，共 150 篇，書的原名叫作《埃索波斯故事集成》（*Assemblies of Aesop's Tales*）。但因為普拉努得斯沒有見過伊索本人，教會認為他只是借伊索之名進行編造，於是對其加以迫害。西元 1610 年，瑞士學者艾薩克（Isaac Nicholas Nevelet）整理刊印《伊索寓言》，這是目前最詳盡的故事集，但其中有很多不是伊索的故事。

在如今流傳的《伊索寓言》中，沒有一個故事能夠確定是出自伊索之手，它們也許是古希臘底層人民集體的智慧結晶。優秀的民間智慧也可以雅俗共賞，它代表了與古希臘上流文學相對應的大眾文學，具有獨特的哲學意義和教育意義。最重要的是，伊索寓言是受壓迫的弱者利用智慧減少痛苦的表現，他們甚至用這些故事本身去取悅壓迫者，以求改善自身的境遇。那些深入淺出的故事包含著貧苦人民的最大訴求。

信仰在一定程度上決定了人們的價值觀。在信奉基督教的歐洲，或在修道院的苦修傳統中，人們把工作視為對上帝的祈禱。而對古希臘人而言，工作是一件苦差事，是宙斯強加給他們的懲罰與磨難。

第四章　航向未知：希臘的海外殖民時代

第五章
雅典民主的萌芽與成長

第五章　雅典民主的萌芽與成長

梭倫的改革

　　就在雅典的內部衝突愈演愈烈，國家瀕臨崩潰之際，竟然出現了這樣一個人：他既不訴諸武力，又不靠慷慨激昂的演說，就能成功說服貧富兩方，達成折中方案。暴亂停止了，雅典建立起新穎寬宏的經濟秩序。梭倫（Solon）的和平改良的確是歷史上一個令人振奮的奇蹟。

　　梭倫的家族屬於英雄血統純正的貴族，祖先可以追溯到海神波塞頓（Poseidon）。童年時代的梭倫生活在衣食無憂、富足歡樂的家庭，但由於他的父親樂善好施，又不善經營，導致家道中落。長大後的梭倫原本可以藉助父親的親族關係重振家業，但他以依賴他人為恥，毅然遠行，獨立經商。

　　梭倫帶著自己的商船和僕從揚帆遠航，憑藉自己的經濟頭腦迅速致富。但他並非唯利是圖的人，他更看重於經商過程中遊歷四方、開闊視野，遇到不同的智者賢人，從他們身上獲得智慧。梭倫周遊小亞細亞和古希臘各地，廣泛結交名士，同時親眼看到了貴族與平民之間的對立，對於底層人民飽受壓迫的悲慘生活有了新的理解。所到之地的政治體制也為他提供了借鑑和參考，和斯巴達的來古格士一樣，他開始反思雅典的體制，暗自構想了一套新的改革方案。

　　心繫故土的人，無論身在何地都會不遺餘力地維護自己的國家。在外經商時，梭倫聽說了雅典與麥加拉的薩拉米斯島之

梭倫的改革

爭。原來，庫倫暴動失敗後，他的岳父，也就是麥加拉僭主塞阿戈奈斯（Theagenes），為了幫女婿報仇，出兵占領了雅典的薩拉米斯島。雅典屢戰屢敗，一直無法把侵略者驅逐出境，雅典人倦怠了，厭戰情緒與日俱增。

薩拉米斯島是雅典海上貿易的重要中繼站，經濟和軍事意義重大。梭倫明白事情的重要性，立刻從國外趕了回來，想辦法促使雅典勇於面對現實。其實很多愛國人士和梭倫意見一致，但迫於當時的一則法令，都不敢進諫——法令規定，任何提議戰爭的人，都將被處以死刑。不過，梭倫想出了一個計策，為了避免因請戰背負罪名，他將以瘋子的形象號召人們為祖國而戰。

瘋子畢竟有別於常人，社會對他們很寬容，一般不會降罪於他們。人們好幾天都不見梭倫的影子，傳聞他瘋了，把自己關在家裡。忽然有一天，梭倫跑出家門，頭戴花冠，口中念念有詞。原來，他當眾熱情洋溢地朗誦他的愛國詩篇，以喚起人們保衛城邦的決心，為了那可愛的島嶼而戰鬥。雅典人民果然被感動了，在梭倫的鼓舞下，雅典廢除了反戰法令，重新向麥加拉開戰。

梭倫被任命為指揮官，率雅典大軍一舉擊敗了麥加拉軍隊，成功收復薩拉米斯島。梭倫成為雅典的英雄，贏得人民的尊敬和愛戴。所以，當德拉古（Draco）立法扔給雅典一個爛攤子時，雅典民眾懷著迫切的希望，不約而同地把梭倫推舉為執政官。出身貴族而為人誠懇的梭倫，得到了貴族和平民的一致信任。

第五章　雅典民主的萌芽與成長

面對種種社會危機,梭倫經過仔細的觀察和嚴謹的考慮,實行了一場大刀闊斧的改革。

首先解決的是平民最關心的債務問題。梭倫規定,利用他人財產或人身自由作為債務擔保是不合法的。為此他廢除了「六一漢」制度,拔出了田裡埋下的債權碑,並由國家出資贖回那些被販賣到國外的奴隸,宣布他們重新成為雅典的自由民。和歷來的改革一樣,貴族由於利益受損而強烈抵制這項規定,但同樣是貴族的梭倫做出表率,帶頭取消了其他農民欠他父親的債務。貴族們再也無話可說,況且梭倫也沒有完全剝奪他們的地位和權利。

農民不再承受債主的壓迫,雅典的經濟也重新活躍起來,新興勢力提出了新的政治訴求,社會階層也需要相應地重新劃分。梭倫將忒修斯按社會地位劃分的三個等級替換為按財產多寡劃分的四個等級。四個等級都有選舉權,就是說社會最底層的人也有參與政治的權利,防止權力的壟斷。不過,只有前三個等級的人有資格擔任官職,其中,第一、第二等級可以擔任雅典最高執政官,第三等級可以出任地方官。而且,有雅典傳統的監督制度為保障,即使是貴族或富人執政,也很難只為自身謀福利。

梭倫還進一步改革了雅典的政治結構,打破了戰神山議事會的獨斷專權,創立「400人會議」作為公民大會的常設機構,從每一個等級選出100人構成。為了防止司法權的濫用,他還

梭倫的改革

設立了陪審法庭,任何公民都有權成為陪審員。

其實,梭倫改革實行的是中庸之道。他不在道義上譴責貧富任何一方,而是在實際利益上讓雙方達到平衡。他說:「我拿著一塊盾牌,保護兩方,不讓任何一方不公正地占據優勢。」像德拉古一樣,梭倫卸任時,雅典人同意他的法律有效期為一百年,梭倫讓每一位執政官都發誓絕不更改其中任何一條,然後,他放心地離開雅典,四處雲遊去了。

睿智的改革遠比尋求絕對公平的改革更穩定、更成功。前者通常能找出衝突的平衡點,後者則急於追求絕對公平,或僅僅出於階級報復的心理,刻意打壓某一群體,由此埋下更加惡化的種子。

賢能開明的梭倫獲得了雅典貧富兩方的一致擁護,有人建議他成為僭主,推行個人獨裁統治。梭倫一口回絕了,他說:「那是一個好位置,可是沒有人能從上面和平地走下來。」他不但自己不推行獨裁,還竭力阻止別人覬覦僭主的位置,無論是誰,絕不姑息。庇西特拉圖(Peisistratus)是梭倫的表兄弟,梭倫曾當眾指出他圖謀不軌的野心。

但梭倫最終沒能阻止庇西特拉圖的篡位。幸好庇西特拉圖雖然用無情的手段奪取了政權,但他的治理溫和而有節制,為雅典帶來了經濟、政治和文化等多方面的充分發展。

第五章　雅典民主的萌芽與成長

克里斯提尼

　　庇西特拉圖去世後，他的兩個兒子沒能繼承好父親的江山，招致貴族與平民的仇視。克里斯提尼（Cleisthenes）聯合貴族，並取得了斯巴達的軍事援助，徹底推翻了雅典的僭主政治。

　　克里斯提尼出生在一個顛沛流離的家族——阿爾克門尼德家族（Alcmaeonidae）。當年鎮壓庫倫暴動時犯了瀆神罪的麥加克勒斯（Megacles），就是克里斯提尼的曾祖父。整個家族被流放了若干年之後，雅典人才平息怒氣，允許他們陸續返回故土。而克里斯提尼的父親曾與庇西特拉圖競爭奪權，失利後，家族又一次流亡海外。此時的克里斯提尼沒有放棄重振家業的希望，他時刻關注著國內社會的局勢，希望有一天能以勝利者的姿態重返雅典。

　　克里斯提尼為雅典人民消除心腹之患立了大功，他正準備藉助這次的聲望當上新的執政官，卻被政敵伊沙格拉斯（Isagoras）搶先一步。為了打壓克里斯提尼，伊沙格拉斯勾結斯巴達人，以「被詛咒的家族」為藉口將他驅逐出去。伊沙格拉斯掃清了自己的執政道路，但也因此失去了民心。雅典民眾厭惡斯巴達人干涉自己的事務，把斯巴達人和伊沙格拉斯一併趕走，迎回了流放中的克里斯提尼。

　　克里斯提尼終於名正言順地登上了雅典首席執政官的位置，為阿爾克門尼德家族贏得了榮耀。

克里斯提尼

　　切身經歷讓克里斯提尼清楚地理解到，貴族家族之間的紛爭會嚴重侵害城邦的利益。他決定徹底修改雅典政治，控制貴族家庭的權力。於是，他開展了一場靈活而富有創意的改革。

　　阿提卡地區的 4 個傳統部落一直依靠血緣關係延續存在，每一個部落的領導權都掌握在最年長和最富裕的家庭手中。克里斯提尼為了打破這種世襲聯合的政治壟斷，以 10 個地域部落取代了原來的 4 個家庭部落。為了避免雅典曾經出現的山地派、平原派和海岸派鬥爭，他又把阿提卡按照山地、平原和海岸分成 30 個區域，每一組 10 個區域。每一組抽出一個區域組合在一起就形成了一個部落，這樣就保證了不同族群權益的平衡。

　　每一個部落下設數量不等的村社，每個人都要在所屬村社登記戶口。曾經的外邦自由人，如今不費吹灰之力就成了雅典公民，享有同等的政治權利。參政人數倍增，人們參與民主的熱情空前高漲。這樣一來也便於城邦統計人口，尤其是掌握成年男子的情況，以便針對服兵役、選舉決策等公共事務做出更妥善的規劃。

　　每一個部落可以推選出一位將軍，組成「十將軍委員會」，他們在和平時期負責帶領部落民眾鍛鍊身體，進行軍事演習；戰爭時期便召集士兵，指揮作戰。將軍可以連任，日子久了，他們的地位和權力不斷上升，通常成為掌握城邦實權的人物。

　　部落構成的變更自然影響到議會結構的變化。克里斯提尼把 400 人議會改設為 500 人議會，議會成員由每一個部落選出

第五章　雅典民主的萌芽與成長

的 50 人構成，任期 1 年。村社中對議員的推選不靠投票，靠抽籤，而且凡是年滿 30 歲且未曾兩次出任議員的人都有資格抽籤，完全按照人口比例，不考慮社會等級。500 人議會掌握司法權，執行廣泛的行政執掌，監督所有官員。

在這樣的制度下，超過三分之一的雅典人能在有生之年至少享受一次成為最高權力機構成員的機會。這樣普及政治權利的制度，在世界史上絕無僅有。

地小人稀的雅典，只要掌握一定的軍事力量就有可能發動政變，而每次政變都會為雅典社會帶來不小的動盪。人民對和平安定的渴望也促使克里斯提尼提出新的治理方法。

克里斯提尼認為，最好把叛亂和暴動扼殺在萌芽之中，於是賦予城邦一項特殊的權利，允許人民不經由司法程序，即可將任何認為對本邦不利的人放逐 10 年。如此一來，凡是有陰謀、有野心的人都要謹慎行事，以免被察覺而遭受懲罰。

流放透過投票實行，即陶器碎片的祕密投票；是否需要投票由議會和公民大會來決議。投票的那天，場地會有人嚴格看守，為每一個部落開放 10 個入口，人們從各自部落的入口一一進入。他們手中都拿著一塊陶器碎片，上面已經寫好希望流放的人名，莊重地投進投票箱裡。經過統計，如果總票數超過 6,000 票，就宣布投票有效。

那麼，得票最多的人將被放逐。他無權為自己辯護，要立即回家收拾行囊，10 天之內離開雅典。除此之外，城邦不會剝

奪他的政治權利和私有財產，10 年之後（後來改為 5 年），再度歸來「又是一條好漢」。不過，被放逐的人通常是有影響力的大人物，在緊急情況下，城邦出於一定的需求，會提前將他們召回。

克里斯提尼的陶片放逐法推行之後，其他城邦紛紛效仿，只是陶片變成了貝殼、木片或者橄欖葉。

克里斯提尼的改革為平民贏得了權益，不滿的貴族又聯合斯巴達及其盟國進軍雅典，趕走了克里斯提尼。但由於侵略者內訌，雅典人很快地將他們打退，再度迎回備受愛戴的克里斯提尼。

無論如何，克里斯提尼還是穩住了自己的改革成果，完善了梭倫建立起的民主政體。雅典人民對空前的參政權甚感興奮，他們以勇氣、驕傲和自制力向著民主的光輝之路邁進。從那時起，他們嘗到了行動、言論和思想上的自由滋味；從那時起，他們以史無前例的熱情去維護他們自己管理的國家；從那時起，他們開始在文學、藝術、政治甚至軍事上領導整個希臘。

斯巴達在雅典貴族的慫恿下，不斷干預雅典內政。克里斯提尼為了消除威脅，答應波斯以附屬國的身分換得庇護。這大概是他一生中最不明智的決定了，因為雅典人民不會把自己的民主成果拱手相讓。克里斯提尼從波斯回國後，人們一致抵抗，用他創立的陶片放逐法把他趕出了雅典。他成了改革以來的第一個陶片犧牲品。

第五章 雅典民主的萌芽與成長

雅典的首部成文法誕生

　　土地是所有農民安身立命的根本，失去土地後，他們生活的貧窮已經無法想像。農民甚至歡迎戰爭的到來，一是希望透過戰爭獲得更多土地，二是戰爭能減少人口，節省糧食。手工業者相對富有一些，但社會地位仍然不高，在政治上常受貴族欺壓。平民與貴族之間已經發展出一條無法踰越的鴻溝，糾紛和衝突是這一時期的關鍵詞。

　　雅典的農民曾經擁有相當廣大的土地，但是他們的妻子比農田更多產，隨著人口成長，原有的土地越分越小，鄉村生活也越來越艱苦。雪上加霜的是，貴族也利用強權侵占耕田。農民們終生胼手胝足以求溫飽，還要設法應付債主和地主的貪婪壓榨。最後，很多農民連一塊賴以生存的土地都沒有了，只得靠租借貴族的土地為生。但地租繁重，他們要把六分之五的農產品上交貴族，自己只剩下可憐的六分之一，所以農民又被稱為「六一漢」。如果交不起租金，全家老小都將淪為債務奴隸，一旦至此，他們的債務一年多過一年，恢復自由的日子就更是遙遙無期了。

　　應運而生的僭主政治成了階級對立的調和者，但是受到時代發展的局限，也只是進行些小修小補，尚不能一步解決根本問題。平民忍耐到一定地步時，大規模暴動就不可避免了。

　　西元前632年前後，一位名叫庫倫（Cylon）的奧運冠軍領導

了一次暴動。但庫倫的本意並不在解救勞苦大眾，身為貴族的他只不過是利用這個機會謀取大權罷了。庫倫在奧運會上贏得了榮譽和聲望，又有身為麥加拉僭主的岳父塞阿戈奈斯（Theagenes）作為政治靠山，在雅典政壇上平步青雲。他最大的政治理想就是登上雅典僭主之位，實行獨裁統治，而利用平民對貴族階層的怨恨是最有效的手段。

於是，庫倫聯合了親朋好友，得到了岳父的協助，又爭取到平民領袖的合作。成敗在此一舉，謹慎的庫倫在行動前猶豫不決，就去詢問神的旨意。神諭說，這次行動可以進行，有吉兆，不過，在奧林匹克運動會的時候動手為妙。

奧運會很快來臨，庫倫迅速召集各路人馬，率軍順利攻占了雅典衛城。然而，就在距成功僅一步之遙時，他萬萬沒想到，平民領袖臨陣倒戈，號召所有的雅典人反對庫倫。庫倫和他的部下遭到了重重圍困。

對峙局面持續了很久，很多平民失去耐心而陸續散去，最後，圍困庫倫的只剩下九位執政官和手下的士兵。而被圍困者內部也因缺少供給而出現混亂，一部分人死於飢餓，部隊便劃分為主戰派和主降派。而庫倫作為首領已預感到大事不妙，為保全自己的性命，和哥哥倉皇逃離了衛城。這下群龍無首，連主戰派也喪失了鬥志。他們與九位執政官談判，如果能饒他們不死，他們就放下武器。

按照傳統，無論是誰，在神廟中就會得到神的保護，因為

第五章　雅典民主的萌芽與成長

神聖之地禁止流血事件發生。投降者把一根繩子繫在雅典娜神像上，牽著繩子從藏身的祭壇上走下，準備投降。可是繩子忽然斷了。執政官藉口他們觸怒了雅典娜女神，命令士兵把這些要投降的人都殺死在神廟裡。還有一些人逃到復仇女神的神廟中，但也終究未能逃過一劫。

下令把叛亂者殺死在神廟的是執政官麥加克勒斯（Megacles），著名的阿爾克門尼德家族成員。政變平息後，他被指責犯了瀆神罪，違背宗教原則，整個家族也被視為女神的背叛者，將永遠受到詛咒。雅典並不安寧，人們擔心麥加克勒斯真的會觸怒神靈。恰巧一系列災禍接踵而至，雅典人憤怒而恐懼，他們流放了整個阿爾克門尼德家族，甚至不放過那些已經過世的族人──他們將死者的屍體掘出墳墓示眾，並丟棄在雅典邊境。

雖然驅逐了瀆神的罪人，雅典還是發生了一場瘟疫。無計可施的雅典人請來受人尊敬的預言家，在預言家的指導下，雅典人向女神獻祭禮拜，才終於控制了瘟疫。人們想贈送這位預言家金銀財寶表示感激，但他都一一拒絕，只帶走了一棵橄欖樹。

這個時期的雅典一波未平一波又起，人們委託司法執政官德拉古頒布一部有效的法律，以矯正諸多的罪惡，於是雅典第一部成文法應運而生。然而，這部法律依然是為貴族制定的，而且量刑過重，對小偷的處罰與殺人放火等同，都會被判處死

刑。正如後世雅典的演說家挖苦德拉古立法所說的：這不是用墨水寫成的，而是用血寫成的。

忒修斯的貢獻

當多利安人南下帶來黑暗時代時，雅典並未捲入這場歷史驟變。邁錫尼難民為了躲避戰亂而紛紛離鄉背井，雅典便成為其中一部分人的避難所。

潔淨、爽朗、明媚——這裡的整個氣氛是那麼獨特。每年有三百個晴天，也許正如西塞羅（Cicero）所說，這種清爽的氣候對雅典人思想的敏銳大有貢獻。雅典位於希臘中部的一個半島，也就是阿提卡半島。它三面環山，西南方面朝廣闊的愛琴海航道，曲折的海岸線上，有很多優良的海港。

居住在阿提卡半島上的共有4個部落。每一個部落都有自己的首領，下有3個胞族。每一個胞族之下又有30個氏族，相當於此地區的社會細胞。部落首領帶領族人建造了各自的小城堡，至今仍可以找到城堡的遺跡。由於人們普遍懷有同一種信仰，各部落有共同的財庫，共同耕種土地，彼此通婚，相互協作，死後也葬於同一片墓地。血緣關係穩定了阿提卡地區的社會秩序，可以說是4個部落自願完成了雅典的統一。

儘管自願統一，幅員遼闊的阿提卡也需要有人來號召此

第五章　雅典民主的萌芽與成長

事。這個人就是忒修斯（Theseus）。你一定還記得那個殺死米諾陶的英雄，來自雅典的王子忒修斯。但那是在遙遠的克里特時代，距雅典城的建立有幾百年之久，顯然他並非建城者。大概是後人崇古，把沒有文字記錄的歷史事件和神話傳說連結在一起，於是把雅典城的創建也歸功於忒修斯。那麼，我們且用「忒修斯」來敘述阿提卡的統一和改革。

在統一四個部落的過程中，忒修斯首先發布公告，取消各部落不同形式的地方政府，建立中央管理機關，處理阿提卡地區的整體事務。從前部落之間的臨時軍事聯盟變為固定的結合，從而展開一系列聯合運動，雅典成為各部落的聯合中心。為了紀念阿提卡統一，忒修斯還設立了「統一節」，並將城邦命名為「雅典」。

知識分子支持聯合，他們一面建立對平民和奴隸的統治，一面防範外族的入侵。完成統一後，忒修斯著手進行一次重大改革。他將阿提卡人分為三個階級：貴族、農民和手工業者，並注重階級之間的利益平衡。當然貴族擁有更多權力，只有他們可以掌管宗教，並決定國家大事。其他兩個階級都屬於平民，但農民也能夠保障自己的利益，手工業者又是雅典的主體，他們都有機會表達自己的聲音。三個等級由此建立合理的安排。值得一提的是，雅典也從未出現斯巴達那樣的「藩民」和希洛人奴隸。

與斯巴達無私的來古格士一樣，忒修斯雖出身王族，但為

了城邦的長遠發展，他主動削弱了自己的權力。更多貴族加入管理機構，雅典人民的權利進一步得到了保障。亞里斯多德在《雅典政制》(*Constitution of the Athenians*) 中說，是忒修斯首先轉向了任命，廢除了君主獨裁制。

不過，並非所有人都像忒修斯一樣以大局為重。原本統治階層中的大貴族損失了利益，不願善罷甘休，於是他們聯合起來，散布謠言，煽動人們反對忒修斯的統治。雅典歷史上第一次偉大的改革就這樣陷入逆境。滿心失落的忒修斯離開雅典，前往斯基羅斯島。

貴族的陰謀還沒有結束。忒修斯怎麼也想不到，反動者還要奪走他的性命。斯基羅斯國王被雅典貴族收買，忒修斯被暗殺於異國他鄉。

直到幾百年之後，在神諭的指示下，雅典人才把忒修斯的遺骨接回雅典安葬。

忒修斯死後不久，所謂的王權在雅典絕跡，取而代之的是由貴族推薦並從貴族之中產生的執政官。起初，執政官是世襲終身制，後來改為任期10年，並打破了家族限制，每一個貴族都可以參加選舉。到最後改為任期1年，人數也從最初的1人增加到9人，分擔宗教、軍事和司法等職責。他們沒有薪酬，只能由富有的貴族擔任。退職之後，執政官會加入元老院，終身任職，監督在任的執政官，並裁決國家大事。

二百餘年來，雅典始終向著理想的民主政治一路發展，不

第五章　雅典民主的萌芽與成長

斷壯大。雖然忒修斯未能親身經歷最輝煌的時代，但他的貢獻不可磨滅，他用自己的生命奠定了雅典民主文明的基石。

雖然雅典從建立之初就向著民主政治的方向發展，但對於領土廣闊的阿提卡，公民制度的推廣難免受到耗時久、傳播慢的阻礙。理論上，阿提卡島上任何城鎮的公民都有權參與雅典的公共事務，但實際上，住在雅典城附近的人比偏遠地區的人更容易行使這種權利。當時陸地交通不便，雅典城 16 公里之外的居民步行入城需要 3 個小時，來回就需要 6 個小時。再遠一些的居民如果要入城，就得在城裡住一晚。只有少數富有人家養得起馬，很多人連一頭毛驢都養不起。所以，即使雅典的自由民主制度鼓舞了大家的參政熱情，大部分的人還是不願來回奔波，更不願意為此搬遷。

雅典公民的日常

雅典面朝大海，天亮得很早。女人最先起床，即使她們每天很晚才睡。她們做的第一件事不是做早餐，因為多數雅典人不吃早餐。她們會來到青銅鏡子面前，把頭髮梳成一個髻，低垂在頸背上，然後用一條鮮豔的彩帶環繞頭髮，前額處點綴一顆美麗的寶石。她們用煤煙描畫眉毛，用丹鉛塗紅面頰和嘴唇，用銻粉塗抹眼圈，一系列的化妝流程要進行幾個小時。她

們愛美，也有耐心愛美。梳妝打扮好以後，婦女開始指揮奴隸進行一天的工作。她們吩咐奴隸到泉邊打水，為全家準備午餐，然後自己監督女奴織布。

清晨，水天相接的遠方還是一片淺藍，轉眼間，一輪紅日便衝破雲霞，噴薄而出。晨光照射著雅典衛城，照在街道旁擁擠的房子上。雅典人起得很早，已經有人在街上走動散步了。

家中的其他人陸續起床，街上的聲音越來越多，孩子們趕著去學校上課，男人們到街市上閒逛。他們很少待在有頂蓋、牆和門窗的房子裡，甚至也不喜歡劇院、教堂和會議廳。他們喜歡晒太陽，宗教儀式和政府辦公都是在陽光下進行的，給人一種明朗、公正、放鬆的感覺。

孩子們來到職業教師的私塾，那裡沒有桌子，只有小凳子。讀書寫字時，他們就把紙放在膝蓋上。教學場所陳列著希臘英雄的雕像。他們要學習寫作、音樂和體育三門功課。每一個學生都會彈奏七弦琴，因為很多教材都是用詩譜成的曲子。如果他們調皮，就會嘗到教師用皮製涼鞋鞭打的滋味。

雅典公民的個人空間非常寬廣。他們擺脫了沉重的賦稅，並享有高度的政治自由，沒有什麼需要辛苦勞動的事情，最多就是到田地裡看一看奴隸有沒有偷懶。男人們起床不久，就踱著步伐出了家門。他們很少穿鞋，襪子更是想都沒想過。他們留著鬍鬚和頭髮，後來又流行短髮短鬚，所以修剪髮鬚成了男人們日常重要的一件事。理髮店也多了起來，理髮師把顧客的鬍鬚修成

第五章　雅典民主的萌芽與成長

尖形,非常整齊,還替他們修剪指甲。女人也用剃刀,但她們是用來去除臉上或身上的汗毛。

男人們慢悠悠地走在大街上,遇到熟人就上前打個招呼。他們也在路上思考、與人閒談,還花不少時間參加體育鍛練。來到市場上,他們通常不是為了買水果蔬菜,而是來聽聽政府又有什麼新政策,打探一下其他部落或城邦有什麼新鮮事發生。

不知不覺到了正午,太陽直射頭頂。男人們乾脆脫下上衣,享受舒服的日光浴。他們的衣服簡單大方,由兩塊方布鬆弛地對折幾下,布料自然下垂,只在容易掉落的地方用一個別針固定,自由的服裝能讓空氣透入身體的任何部位。帽子是不受歡迎的,因為它會使頭髮失去水分而變白。

午餐時間一到,市場上的人流逐漸稀落。需要更換農具的人就去鐵匠鋪,想做做運動的人就去運動場。在很多場合,他們都會遇到志同道合的朋友,互相交談辯論,從對方身上獲得智慧。

夕陽的餘暉再次灑落雅典的街巷,妻子已經準備好晚餐等待丈夫回家了。在外面遊蕩了一天,用餐前,他們要好好洗個澡。吃著烤肉,喝著美酒,看起來平淡之中透著浪漫。但大多數雅典人的婚姻並不是以愛情為基礎,他們不過是為了延續後代,免得孤獨終老罷了。保姆照看孩子們盪秋千、坐蹺蹺板,小女孩抱著玩偶玩家家酒,小男孩用陶製兵將打仗。孩子們的遊戲和他們父輩的積習一樣久遠。

夜深了，人們結束一天的事務，上床休息。他們真的是家徒四壁，除了床，只有幾個簡單的箱子和陶罐。妻子吹熄了搖晃的油燈，雅典城逐漸被暗夜籠罩。人們在安寧的夢中等待新一天的來臨。

陪審制度

在雅典，每一位滿30歲的男性公民都可以在民選法庭任職，審判官每年都會從有意願參與的公民之中抽籤選出陪審員。法庭審理每一個案件都只有一天時間，所以陪審團通常沒有時間討論，而是直接投票表決。

雅典人之所以願意擔任陪審員，可能是出於娛樂和經濟的雙重考慮。自古以來，出現在法庭上的案子就包羅萬象，涉及各個領域，有時也十分離奇。人們能在法庭上聽到各種下毒、密謀的奇聞逸事，甚至會聽到百里之外的異邦政變新聞。幾乎每一個案件背後都牽連著一系列關於生活、倫理的趣聞或奇聞，所以，陪審成了一件好玩的工作，嚴肅中摻雜了娛樂和獵奇，至少也能增長自己的見聞。

法庭決定著被告人的生死，一旦判處某人死刑，通常在審判當日就會執行——蘇格拉底之死是個特例。雅典人認為，把錢花在監獄的修建和監管上實在不值得，因此監禁是少見的刑

第五章　雅典民主的萌芽與成長

罰，於是陪審員在日落之前就能夠看到被告被處死。儘管說來十分殘酷，但確實有許多人樂在其中。

經濟上的好處則是得益於伯里克利（Pericles）的改革，他把陪審制度變為有償服務。他發給陪審員一天的薪資相當於公民平均日收入的一半，這就為勞苦百姓提供了賺錢的機會，也讓那些已退休的老年人有途徑獲得生活保障。但是這樣一來，陪審員的政治法律素養就難以保證，難以實現伯里克利最初的設想，也導致雅典後來一系列的判案失誤。

每一個案件配備的民選審判員人數在201到501名不等，且為了避免投票產生平局，人數都設定為奇數。集中這麼多人來審理一個案件，一是為了讓更多公民直接參與決策，二是為了防止行賄。

指控的輕重程度決定了不同案件的審理時間，有專門的滴漏來計算耗時的長短。雖然法庭對於審判時間規定嚴格，對證據的規定卻比較寬鬆，原告和被告都有權申辯自己對城邦的各種貢獻。證人指證被告人曾擔任過公職，而被告人無所顧忌地自吹自擂，這都是雅典法庭的常態。奴隸雖然不能出任陪審員，但他們有權在法庭做證。因為他們無處不在，隨時跟隨在主人身邊，時常被迫助紂為虐，通常也是最好的證人。另外，即使是那些受到嚴重控訴的人，也會毫不猶豫地展示自己的弱勢，以博得法官的同情。因此，雅典法庭上還常常出現這樣的情景：被告人聲淚俱下地講述自己的處境，結果就被無罪釋放，

或者以罰款的方式代替死刑。

為了公平、公正、公開,法庭精心設計了抽籤裝置。每一位民選審判員的名字都被刻在小銘碑上,銘碑被塞進一個抽籤裝置,它能夠隨機分配每天的審判員。投票則是透過不記名方式進行,每位審判員將得到兩枚鵝卵石用來表決,其中一枚有一個圓孔。每次投票前,傳令官都會提醒大家:有孔的鵝卵石代表支持起訴人,完整的鵝卵石代表支持被告人。有時,鵝卵石也被替換為銅餅。收集投票的容器一個是銅製的,一個是木製的。銅製容器用來放置代表審判員意願的鵝卵石,另一塊不用的放在木製容器中。

在雅典,全體審判官的決議是終局性的,也常常是毀滅性的。民選法庭就是雅典的最高法院,一旦判決就不能再上訴,所以,民選審判員們既是陪審員,也是法官。

第五章　雅典民主的萌芽與成長

第六章
波希戰爭：城邦聯盟的試煉

第六章　波希戰爭：城邦聯盟的試煉

大流士的征伐

居魯士二世（Cyrus II The Great）統治期間，波斯第一次入侵希臘，愛奧尼亞成為波斯的附屬國。大流士（Darius）繼位後，愛奧尼亞諸城賦稅增加，人們還得服兵役和勞役。

「我，大流士，偉大的王，萬邦之王，波斯之王，諸省之王……」大流士一世平定波斯帝國的內亂之後，把自己的榮耀鐫刻在不朽的石碑上。他並沒有誇張，當時，凡是波斯目之所及的地方都已被收入其版圖——當然，除了希臘。波斯的海上勢力已經由東地中海延伸至愛琴海，與希臘諸邦的摩擦在所難免，爆發戰爭是遲早的事。

城邦僭主大部分是由波斯扶植，對波斯俯首帖耳，對百姓殘酷剝削。愛奧尼亞人對波斯的統治和傀儡僭主的不滿與日俱增，一直尋求獨立。與此同時，波斯操縱的腓尼基艦隊一直活躍在小亞細亞和黑海之間，把希臘的海上商業利益搶奪得所剩無幾，成為希臘海上貿易的威脅。諸多因素使雙方衝突逐漸加劇。

西元前 500 年，愛奧尼亞的米利都行省終於爆發起義。米利都僭主阿里斯塔哥拉斯（Aristagoras）主動辭去了僭主之位，建立民主政權，並說服其他城邦實現民主，反抗波斯的統治。雅典和埃雷特里亞毫不猶豫地提供軍事援助，各自向米利都派遣戰艦，燒毀了波斯在小亞細亞的首府薩迪斯。但是，當援軍撤離後，波斯人捲土重來，米利都人被打敗，婦女和兒童淪為

奴隸，男人大多被殺，倖存者則逃到了底格里斯河河口。

薩迪斯焚毀之恥激怒了大流士，由於雅典是敵軍主力，他發誓要讓鐵騎踏平雅典城，攻占全希臘。大流士之所以有信心攻下雅典，是因為波斯迎來了一位特殊的賓客——庇西特拉圖的兒子希庇亞斯（Hippias）。他就是被雅典人趕出城邦的最後一位僭主，正設想有朝一日能東山再起。賣國求榮的希庇亞斯向大流士提議，只要大流士能幫助他復辟，他保證讓雅典歸順波斯。利益至上，兩人一拍即合。希庇亞斯暗自聯繫其他貴族與波斯人合作，不少貴族心中還懷有對波斯的恐懼，便答應配合波斯，以求家族的安全。

西元前492年，波斯正式向希臘宣戰。大流士任命女婿馬鐸尼斯（Mardonius）統率艦隊，在希庇亞斯的帶領下向希臘推進。這支軍隊來勢洶洶，勢不可當。馬鐸尼斯成功地奪回了波斯在希臘北部的統治權，征服了色雷斯、薩索斯和馬其頓。但在經過阿索斯海角時，遭到颶風襲擊，三百艘戰艦沉入大海。許多戰士倒下了，指揮官自己也掛彩而歸。

大流士不會善罷甘休，他立即下令打造新的戰艦，擴充兵員，組織第二次遠征。西元前490年，大流士派出米提亞老將達提斯（Datis）和姪子阿爾塔菲尼斯（Artaphernes）作為全軍統帥，隨行的還有已經年邁的希庇亞斯。

這一次，他們避開了充滿危險的北部海岬，直接橫渡愛琴海，燒毀了納克索斯島上的城鎮和神廟，並把俘虜驅逐出境。

第六章　波希戰爭：城邦聯盟的試煉

所到之處都留下了他們燒殺搶掠的證據，很多地區的居民淪為奴隸，孩子被扣押為人質。埃雷特里亞曾支援米利都對抗波斯，此時內奸相應，沒幾天就陷落了。為報復焚毀薩迪斯之仇，波斯燒掉了埃雷特里亞的神廟，毀壞了所有的房屋，殺害了無數百姓。

波斯大軍從這片廢墟一路南下，來到庇西特拉圖家族的福地——位於阿提卡半島北部的馬拉松。

第二次出征希臘之前，大流士曾派使者向希臘諸邦索要「水和土」。很多城邦擔心重蹈米利都的覆轍，紛紛屈從，這意味著他們向大流士讓出了領海和領土的主權。但是，希臘的核心重鎮——雅典和斯巴達毫不妥協。雅典人把使者扔進洞坑，連翻譯員都被處死，因為被認為玷汙了希臘語。斯巴達人把使者帶到一口水井前，用他們一貫的風格說道：「水和土都在這裡，請便吧！」話音剛落，使者就被推了下去。

波斯帝國的擴張

在黑暗時代來臨之前，屬於北部印歐人後代的波斯一族已經占據了如今的伊朗高原。伊朗高原是個自然資源寶庫，儲藏著大量金、銀、銅礦等。西元前 7 世紀以前的波斯如今已經無跡可尋，而當米提亞王國與新巴比倫王國還處於聯盟關係時，

作為其附屬國的波斯不過是游牧部落的聚居地。波斯草原上按照家族劃分部落，其中最強大的當屬阿契美尼德（Achaemenid）家族。

西元前 553 年，正當米提亞終於和新巴比倫王朝兵戎相見時，趁著米提亞內部一片混亂，阿契美尼德家族的領袖居魯士（Cyrus）聯合各部落對其發起反叛戰爭。三年過後，波斯取代米提亞，建立起帝國的雛形，居魯士也被尊稱為「居魯士二世」。

在古老的兩河流域，遙遠的美索不達米亞文明早已從人們的視線中消失不見，這裡一度被視為蠻荒之地。然而，一個家族出現於幼發拉底河，世界文明的重心忽然又回到這邊。因為，在這片大地上，這個家族幾乎只用了一代人的時間就建立起一個異常龐大的帝國。

新的帝國繼續與新巴比倫王國角逐。居魯士採取「繞道」征服的戰略，先征服了敵國背後的諸多地區，直到吞併了小亞細亞最西端的愛奧尼亞地區，並第一次入侵希臘海濱城邦。這次入侵為希臘人留下了心理陰影，很多地區開始向雅典求助。

居魯士的迂迴戰術削弱了新巴比倫王國在周邊的影響力，並且成功切斷了其海上貿易的財路。在波斯強勢的經濟封鎖下，新巴比倫不戰而降。

此時，不斷擴張的波斯已經成為當時世界上最大的帝國，但居魯士二世又把目光轉向了埃及與希臘地區。為此，他釋放了被征服為俘虜和奴隸的外族人，和他們建立同盟以備遠征；

第六章　波希戰爭：城邦聯盟的試煉

允許猶太人回到耶路撒冷重新建國，以便作為日後進軍埃及的基地；腓尼基人也重獲自由，他們成了波斯海軍的重要支柱。

在遠征埃及和希臘之前，居魯士決定先平定東北部游牧民族，以解除後患。但他還沒來得及完成更宏遠的帝國夢，就在一次戰鬥中不幸身亡了。

居魯士的兒子坎比塞斯二世（Cambyses II）繼承了父親未竟的使命。消除了遠征的後顧之憂以後，他向埃及發動全面進攻，在西元前525年征服埃及並稱帝，隨後駐留在此進行了一番治理，直到聽聞國內有人發動叛亂，才動身回國。不幸的是，叛亂者早有預謀，將他殺死在回國的途中。

不過，囂張的叛亂者最終沒有得逞，新的領袖大流士（Darius）率領眾貴族對他們展開了猛烈的反攻。平定叛亂之後，大流士一世登上王位。大國擴張的計畫受到叛亂衝擊，暫時告一段落。為了恢復帝國實力，大流士推行一系列改革。

大流士規定軍政分離。政治上，全國劃分為二十三個行省，由大流士親自任命行省總督，並安排一名「祕書」與總督共事，互相牽制和監督。全國各地都有大流士安插的「祕密警察」，隨時監控各地情況。軍事上，大流士設定了五大軍區，建立常備軍，並實行兵源補充機制。戰爭中的波斯兵力源源不斷，所以被稱為「不死萬人隊」。

像中國的秦始皇一樣，大流士在區域廣大、民族眾多的帝國內統一了貨幣和度量衡，並制定統一的商業規範。他還把具

體徵稅交給「包稅人」代收，只規定每年的賦稅額度。雖然這項措施簡化了稅收流程，但包稅人時常與地方官吏勾結謀私，導致隱患重重。大流士在位時，波斯帝國修建了當時最發達的交通網絡，水陸交通連接起來，保證資訊能以最快的速度傳到王宮，也能使軍隊隨時出現在需要的地方。改革的同時，大流士還繼續平定四方叛亂，鞏固對殖民地的統治。

雄才大略的大流士使波斯帝國獲得了前所未有的遼闊疆域和穩定局勢。東至印度河西岸，西到賴比瑞亞，向南毗鄰阿拉伯半島，甚至攻下裏海以西的色雷斯等地，占領了愛琴海的部分島嶼，大流士建立起第一個橫跨歐、亞、非三洲的龐大帝國。

斯巴達勇士大戰波斯大軍

在希臘北部和中部交界的隘口附近，常年活躍著兩處硫黃溫泉。古時，這裡依山傍海，地勢險要，泥沙沉積日久，形成一條狹窄通道，最窄處僅容得下一輛馬車。這裡便是溫泉關，曾有三百勇士用血肉之軀築起一道保衛希臘的「長城」。

波斯帝國對希臘的兩次遠征均遭失敗。眼見大流士一世年邁多病，西元前486年，他留下征服希臘的遺願與世長辭了。他的兒子薛西斯一世（Xerxes I）繼位後，再次策劃遠征。

雷厲風行的薛西斯平定國內動亂之後，立即下令打造戰

第六章　波希戰爭：城邦聯盟的試煉

艦，徵集糧草，並召集臣服於波斯的 46 個國家和 100 多個民族，建立了史上最奇特、最龐雜也最可怕的一支軍隊。這支軍隊總兵力達 50 萬人，有裹頭巾穿長褂的波斯人、戴銅盔持鐵鎚的亞述人、披著虎皮的衣索比亞人，有步兵騎兵、戰車戰象，還有近 20 萬海軍和千艘戰艦，並配有各類工程人員、軍用物資供應商和後勤人員。歷史學家希羅多德描述說：「如果薛西斯的軍隊到河中飲水，可以在一瞬間讓河水乾涸。」

波斯大軍分海、陸兩隊向希臘推進，迅速渡過了赫勒斯滂海峽，氣勢洶洶，令許多城邦不戰而降。薛西斯率軍橫掃希臘北部，直逼溫泉關。

面對最強大的帝國、最龐大的軍隊，希臘看似弱小得如同一盤散沙。但這不是希臘世界的本質。他們只不過信奉主權至上，彼此之間並無隸屬關係。即使這數百個城邦之間的紛爭永無休止，也絕不妨礙他們在危急時刻聯合起來共禦外敵。當波斯軍隊浩浩蕩蕩再次出現在海平線上的時候，連雅典和斯巴達都不計前嫌，聯合各邦組成統一戰線。這主要歸功於地米斯托克利（Themistocles）。

地米斯托克利早知希臘處於不利境地，他召集 31 個城邦聚集在科林斯，以動情的演說和玲瓏的外交手段說服他們建立了「提洛同盟」。但是就連德爾菲神諭也說，波斯是不可戰勝的，不少城邦很快動搖了抗戰的決心。地米斯托克利因此不斷地向神詢問，也許神明被他的迫切渴望打動了，終於說只有「木牆」

才能拯救希臘人。地米斯托克利抓住這個機會,把含糊不清的「木牆」解釋成三層槳戰船。當時的戰艦是木製的,正如同一座座堅固的海上堡壘。希臘人終於信服了,迅速打造出一支強大的艦隊。地米斯托克利把這支艦隊派到阿爾米特西海角等候出擊,同時,為了讓希臘戰艦率先抵達阿爾米特西,占據有利地形,步兵必須守住溫泉關。

斯巴達國王列奧尼達(Leonidas)率領 7,200 名戰士守衛溫泉關。波斯使者來招降,要希臘軍隊交出武器,列奧尼達簡潔有力地回覆道:「自己來拿!」薛西斯大怒,下令進攻。前兩天,斯巴達人嚴防死守,波斯軍隊死傷慘重,毫無戰績。

第三天,情況發生了逆轉,原因不在於波斯軍隊的英勇和智慧,而是有人背叛了希臘。一個當地的希臘人不僅向薛西斯洩露了山上小路的祕密,還親自引導波斯軍隊經由那條小路襲擊斯巴達軍隊的後方。

列奧尼達眼見局勢不妙,知道凶多吉少,便立即命令主力軍撤退。他只選出 300 位有兒子的父親跟隨他赴死一戰,以保證斯巴達人家族的延續。

這悲壯的一刻將永遠載入史冊。列奧尼達率領勇士們奮勇抵抗,死守關隘,波斯士兵在他們身邊一個個倒下。但寡不敵眾,列奧尼達第一個犧牲在戰場上,被薛西斯砍下首級,屍體懸掛在十字架上。受傷的斯巴達人一次次衝向敵人,直到被長矛刺穿胸膛,直到 300 人幾乎全部陣亡。僅有兩個斯巴達人

第六章　波希戰爭：城邦聯盟的試煉

生還，但他們回到家鄉時遭到所有人的唾棄。其中一人羞憤自殺，另一人在後來的普拉提亞戰役中英勇犧牲，但依然沒有得到斯巴達人的原諒——他們拒絕將他安葬在溫泉關 300 勇士的墓地中。

波斯被頑強的斯巴達勇士四次打退，最終以兩萬士兵的犧牲換來了攻占溫泉關，薛西斯迅速召集陸軍直撲雅典。溫泉關雖然失守，但斯巴達人的頑強抵抗為希臘海軍贏得了寶貴的準備時間，成為希臘聯軍戰勝波斯的關鍵。

後來，希臘人為戰死在這裡的斯巴達勇士豎立了墓碑，上面寫著全希臘最著名的碑文：

　　陌生的過客啊，請告訴斯巴達人民，
　　忠實履行諾言的我們，如今在此長眠……

波斯大軍突破溫泉關，直指雅典。許多人打算與雅典共存亡，但地米斯托克利做出了一個讓人難以接受的決定：放棄雅典！他力排眾議，勸說每個雅典人此刻應以家庭為重。人們攜家帶眷，紛紛逃往其他城邦，只有少數人應徵入伍，補充兵員。儘管他們放棄了心中神聖的故土，但雅典的人口和財富都得以轉移，雅典不過換了一種存在方式，而薛西斯得到一座空城也對他毫無意義。後世的庫圖佐夫（Mikhail Kutuzov）面對拿破崙大軍而放棄莫斯科的戰略，就源自波希戰爭中的雅典大遷移。

雅典大遷移之中，當百姓登上逃難的航船時，他們馴養的

小動物因為超重不能隨行，眼見主人的船隻遠離海岸，這些富有人性的小生命都哀號起來。伯里克利的父親留下的小狗跳入海水，緊隨行船泅渡，但航程太遠，小狗因體力不支，死在了藍色的愛琴海中。

神助希臘人打敗波斯艦隊

希臘統帥地米斯托克利提出，希臘與波斯的海上交鋒戰場應該選在薩拉米斯海灣。正面抵抗一定是魯莽而不自量力的，因為即便所有願意保衛希臘的兵力都集合起來，也不抵薛西斯部隊的十分之一。

大難當頭，希臘人果斷地揚長避短，沒有百萬大軍，就用智慧和英勇做武器。希臘對薩拉米斯海灣的環境瞭若指掌，而且這裡是一個淺水灣，波斯龐大沉重的遠洋戰艦在此處無法施展，相反地，希臘靈活的中小型戰艦最適合淺水作戰。狹窄的薩拉米斯海灣將限制波斯艦隊，使其無法完全展開攻勢，只能從海灣入口魚貫而入，而希臘艦隊就可以乘機將波斯艦隊逐一攻破。倘若雙方在寬闊的愛琴海上相遇，那希臘無異於以卵擊石，自取滅亡。

也許是希臘的保護神暗中相助，波斯艦隊剛要包圍薩拉米斯海灣的時候，就遇到了兩次颶風，狂暴的颶風粉碎了波斯600

第六章　波希戰爭：城邦聯盟的試煉

艘戰艦。雖然他們還是包圍了希臘艦隊，但一半兵力已經不戰而亡。

地米斯托克利派科林斯艦隊開赴海灣西口，阻擋波斯軍的一擁而入，其餘戰艦則安排在東口，分成左、中、右三隊。

一切準備妥當，波斯開始進攻了。地米斯托克利不慌不忙找來可靠的奴隸西西努斯（Sicinnus），派他假降波斯。西西努斯來到薛西斯軍營，說希臘海軍自知難敵波斯，早就喪失了鬥志，想連夜逃出海灣。薛西斯大喜，連忙下令封鎖海峽東西兩個入口，打算甕中捉鱉，將希臘海軍全部殲滅。

薛西斯躊躇滿志，登上薩拉米斯海灣附近的山頂觀戰，但不久他便大驚失色。他發現自己中計了，被科林斯阻擋的波斯戰艦只能一艘一艘地進入希臘海軍的「大甕」。此刻正當海潮上漲，水下暗流湧動，笨重的波斯戰艦失控了。希臘成功扭轉局勢，開始對波斯集中攻擊。他們先用戰艦上 5 公尺長的銅桿打斷波斯戰艦的長槳，而後迅速靈活地掉轉，用艦首包裹黃銅的衝角猛烈衝撞敵人的船舷。波斯戰艦無處可逃，成了海上的靶子，眼睜睜被對手摧毀。

日落時分，波斯有 200 艘戰艦被希臘聯軍擊沉，50 艘戰艦被俘。薛西斯不肯承認自己的失誤，怪罪腓尼基人表現懦弱，將他們處死。失去腓尼基海軍主力，波斯徹底斷送了自己的海上勢力，同時再也無法向陸軍供應物資了。

此時，又有一名奴隸向波斯軍詐稱，希臘人將乘勝追擊，

切斷赫勒斯滂海峽的去路。薛西斯沒有汲取教訓，又一次信以為真。為了保全剩餘的軍隊實力，他只得下令撤回小亞細亞首府薩迪斯，然而很多士兵在途中死於瘟疫，希臘艦隊也追擊到小亞細亞，將波斯戰艦全部焚毀。波斯剩餘的 30 萬陸軍最終也未能逃過次年普拉提亞戰役的大劫。

西元前 449 年，波斯被迫和希臘簽訂《卡里阿斯和約》(*Peace of Callias*)，承認希臘各邦獨立，放棄愛琴海和裏海一帶的霸權。強大統一的波斯帝國就這樣敗給了分散且是臨時組織的希臘聯軍。這是一次海洋與陸地兩大集團的正面交鋒，也是東方集權理念與西方民主自由思想的大碰撞。也許，如果沒有希臘的勝利，就沒有今天的西方文明。

薛西斯帶領戰敗的波斯大軍撤離希臘後，留下馬鐸尼斯駐留小亞細亞。薩拉米斯大海戰一年後，波斯人仍在希臘境內肆意橫行，但希臘人至死不降，終於與波斯軍隊在普拉提亞平原展開決戰。斯巴達國王保塞尼亞斯 (Pausanias)，也就是列奧尼達的姪子，率領 11 萬希臘聯軍前來對陣。馬鐸尼斯身先士卒，犧牲在戰場上。波斯部隊群龍無首，再加上這時原本就對戰事漠不關心的非波斯人開始動搖逃亡，希臘人再次取得壓倒性勝利，徹底終結了波斯入侵。愛奧尼亞各邦全部脫離了波斯的統治。

第六章　波希戰爭：城邦聯盟的試煉

馬拉松

　　與其坐以待斃，不如一決雌雄。在波斯帝國大軍壓境之際，雅典人民表現得異常鎮定。他們深知，埃雷特里亞已經淪陷了，如果雅典也被打敗，等待自己的只有更悲慘的命運。此時，幾乎沒有其他城邦敢抵抗波斯了，只有小城邦普拉提亞反應最快，派了 1,000 人支援雅典。雅典又派使者跑去斯巴達求援，使者一天一夜跑了約 240 里，卻被告知斯巴達正在舉行隆重的祭祀，但是滿月期一過，他們會派 2,000 名步兵前往馬拉松。

　　而現實只有一句話：雅典等不了斯巴達了。米太亞德（Miltiades）將軍釋放了所有奴隸，把他們和自由人一起編入隊伍，率領他們越過山嶺到達戰場。此時，波斯軍隊已經登上了馬拉松平原。馬拉松背後的群山上，只有雅典和普拉提亞一共萬餘步兵。波斯並不急於展開進攻，後續部隊還在向希臘挺進，至少比希臘兵員多一倍。兩軍兵力懸殊，看起來雅典人這一戰將是以卵擊石。

　　雙方對峙了兩天，雅典軍事執政官卡利馬庫斯（Callimachus）讓 10 位將軍決定是否迎戰。結果，5 個人建議等斯巴達祭祀結束，援兵到了再開戰；另外 5 個人說，如果按兵不動，波斯一旦出兵，將很容易占上風。卡利馬庫斯猶豫不決時，米太亞德說服了他。米太亞德曾參加過與波斯人的戰爭，對波斯的兵力十分熟悉。依照他的分析，波斯軍隊人數眾多，但是人員複

雜，大多為被征服的百姓，並不情願參與遠征。而且，波斯軍隊最有殺傷力的武器弓箭對披堅執銳的希臘人並不構成威脅。何況，他們的步兵裝備簡陋，只有最前面一排盾牌，希臘人的長矛能夠充分發揮優勢。

卡利馬庫斯被說服了，立刻下令準備決戰，11,000名雅典人下山列陣。雅典的劣勢在於缺少騎兵，為了防止強大的波斯騎兵迂迴攻擊，米太亞德將佇列排成長長的4行方陣，利用方陣兩側的沼澤牽制波斯騎兵。

一切準備就緒時，1,500公尺之外的波斯軍隊還沒有排好方隊。雅典方陣快速行進，萬餘人同時向波斯大軍攻擊。當距離波斯軍隊300公尺時，雅典方陣進入了波斯人弓箭的射程之內。無數箭鏃傾盆而降，但雅典步兵的鎧甲牢牢保護著他們不受傷害。穿過密集的箭雨，雅典軍隊很快地攻破了波斯軍隊的盾牌陣列，打入其內部。

波斯軍隊的彎刀根本不是雅典長矛的對手，他們鬆散的陣列更抵禦不了雅典密集整齊的方陣。雖然雅典軍一度被波斯的精銳所突破，但他們迅速後撤，保持陣形，不給波斯軍隊留一點可乘之機。

最終，雅典步兵用這種銅牆鐵壁般的推進方式把波斯軍隊殺得落花流水。侵略者一個接一個地倒在阿提卡的土地上，雅典部隊仍然完好無損。波斯軍被雅典追打到海邊，毫無還手之力。達提斯無奈地下令撤退，亂了陣腳的波斯士兵紛紛向戰艦

第六章　波希戰爭：城邦聯盟的試煉

逃去。雅典部隊則忽然分散開來，著力攻擊那些靠在岸邊的戰艦。他們俘獲了 7 艘波斯戰艦，也就是在這時雅典人出現了少數傷亡。

當斯巴達人結束祭祀，趕到馬拉松時，波斯人屍橫遍野的場景讓他們驚嘆不已。此次會戰，波斯陣亡 6,400 人，雅典損失 192 人。陣亡將士在陣地集體火化，他們的名字都被刻在戰場上，也包括雅典主將卡利馬庫斯。

25 年之後，雅典亞格拉集會所背面的畫廊出現一幅紀念馬拉松大捷的壯觀壁畫，畫上有卡利馬庫斯、米太亞德、達提斯和阿爾塔菲尼斯等人，還有海克力斯、雅典娜等神明或英雄的形象。希臘人相信，曾經保佑特洛伊戰爭士兵的神明，也同樣扶助了馬拉松戰役中的將士。

雅典軍隊以少勝多、以弱勝強，大敗波斯。為了讓這一則喜訊以最快的速度傳回雅典城，米太亞德派傳令兵菲迪皮德斯（Pheidippides）完成這一項光榮使命。菲迪皮德斯不顧戰場上的疲憊和傷痛，帶著勝利的喜悅自豪奮力地奔跑。滿身血汗的他一口氣跑完 42 公里的路程，終於來到雅典廣場，大聲喊道：「我們勝利了！」說完，這位勇士就倒在地上，帶著勝利的微笑永遠地休息了。為了紀念菲迪皮德斯，西元 1896 年第一屆現代奧運會增設了從馬拉松到雅典的長跑比賽。後來，馬拉松成為國際上普及的一種考驗耐力的長跑運動。

第七章
內戰之殤:伯羅奔尼撒戰爭的陰影

第七章　內戰之殤：伯羅奔尼撒戰爭的陰影

勉強和平的斯巴達與雅典

　　也許，生活經驗決定了一個人的價值觀。伯里克利死後，民主派壓倒貴族派奪得雅典統治權。民主派的領袖多為商人出身，比如以製燈為生的希波布魯斯、販賣繩索的歐克拉迪斯，為首的克里昂（Cleon）則是一名皮革商。也許是出於商業階級的利益考量，加上自身的激進風格，他們要求無論海上、陸上都要積極作戰。以克里昂為首的民主派上臺後，立即擴充軍備、迎戰斯巴達，終止了伯里克利的延宕策略。

　　借用普魯塔克的生動形容，克里昂是「雅典人之中，對人們演說時，脫掉外衣、猛拍大腿的第一人」。克里昂精明而能言善辯，也最飛揚跋扈。這位極具野心的政客對抗斯巴達的唯一方式就是進攻，再進攻。

　　克里昂很快就獲得展現才能的機會。西元前 425 年，在斯法克特利亞戰役中，沒有任何海軍將領能攻下這個據點。但克里昂以出人意料的勇氣和戰術將斯巴達陸軍牢牢圍困，迫使斯巴達軍隊大規模投降。雅典俘虜了一百二十名斯巴達貴族，斯巴達只好請求和平談判，然而好戰的克里昂說服了渴求和平的雅典民眾。他的絕招就是承諾雅典人以後無須再納稅支援戰爭，而透過增加盟國的貢款來籌集經費。同時，他向斯巴達提出苛刻的條件，間接拒絕了談判請求。

　　斯巴達人擔心貴族俘虜在雅典受到迫害，不敢面對雅典，

勉強和平的斯巴達與雅典

轉而攻擊提洛同盟的其他成員。布拉西達斯（Brasidas）是斯巴達有勇有謀的名將，他成功地與馬其頓國王佩爾迪卡斯二世（Perdiccas II）結為盟友，在色雷斯聯合對抗雅典。同時，多年戰爭大大消耗了斯巴達的兵力，因此布拉西達斯讓奴隸加入軍隊，承諾給他們自由。面對強大的斯巴達聯軍，雅典又招架不住了。

布拉西達斯率軍向安菲波利斯發動攻擊。安菲波利斯是雅典的木材供應地，雅典戰艦的原物料多半來自此處。斯巴達人精心策劃、裡應外合，攻下這座城池，震驚了雅典。斯巴達軍隊一鼓作氣，又再攻下雅典的幾個盟邦。

戰爭已經進行了八年，但仍然沒有任何結束的跡象。而百姓永遠是厭戰的，雖然雅典當權的是主戰派，但以尼西阿斯（Nicias）為首的主和派更順應民心。在尼西阿斯的努力下，對戰雙方終於達成了為期一年的休戰協議。這只是名義上的休戰，區域性的地區衝突依然時常發生。而且，雙方都利用這一年的時間積極進行軍事籌備。

休戰期滿，克里昂迫不及待地起兵攻打安菲波利斯。他率領海軍艦隊沿海岸線一路攻擊色雷斯地區的斯巴達盟邦。此時，布拉西達斯連連拿下北部的雅典屬國，得知雅典軍隊進攻安菲波利斯之後，立即揮師進入安菲波利斯城內。很快地，克里昂與布拉西達斯展開了一場生死決戰。這一次，克里昂的智謀沒有敵過這位斯巴達英雄，雅典開始敗退，克里昂在倉皇逃

第七章　內戰之殤：伯羅奔尼撒戰爭的陰影

竄時被敵軍殺死。斯巴達人大獲全勝，但布拉西達斯也在戰役中身負重傷而死。

雅典和斯巴達兩敗俱傷，而斯巴達國內又面臨希洛人起義的危機，再次要求和平談判。克里昂死後，主和派終於抬頭。西元前421年，在尼西阿斯的推動下，雙方最終簽訂了《尼西阿斯和約》(*Peace of Nicias*)，宣布戰爭結束，並且承諾維持五十年的和平。協約還規定：任何一方不得故意挑釁；要用和平手段化解衝突；雙方各自退出所占領地，交換戰俘；一旦斯巴達發生奴隸起義，雅典將予以支援。伯羅奔尼撒戰爭的第一階段終於告一段落。

西元前429年，雅典屬國米蒂利尼發動叛變，推翻了民主派政權，並宣布脫離雅典而獨立。克里昂的懲罰提議是，將米蒂利尼的成年男子全部處決。也許是以最低有效票數，公民大會竟然通過了此項決議，雅典派帕奇斯（Paches）帶一船士兵前往執行。而當這個殘暴不仁的決策傳遍雅典城時，主和派領袖再次召開會議，設法取消命令，且另外派一艘船追趕帕奇斯，避免了一場大屠殺。不過，帕奇斯還是將一千名叛亂者帶回雅典，按照當時的法律，也是克里昂的意思，將他們全部殺死。

伯里克利

誰能想到，威風凜凜的 500 艘雅典戰艦會全部沉沒在愛琴海？公元前 431 年以前，沒有人預見到不久之後的一場大災難。誰能相信不到三年，人們愛戴的伯里克利將遍身膿皰，氣息奄奄？誰能料想到雅典的風流人物阿爾西比亞德斯（Alcibiades）將被暗殺在一個偏僻的小村落？邦國的幻想、怨怒和衝動，讓希臘的和平處在崩潰邊緣，他們還沒考慮清楚代價，戰鬥就開始了。

接到科林斯和麥加拉的求助後，斯巴達人投票決定向雅典宣戰。但國王阿希達穆斯（Archidamus）並不急於出戰，而是派遣使者前往雅典進行和平談判。當然，雙方都不想讓步，談判僅持了幾個月。斯巴達沒有著急，底比斯人卻急不可耐，他們索性攻打了雅典盟友普拉提亞，迫使斯巴達撕毀協議，投入戰鬥。普拉提亞是波希戰爭取勝的重要象徵，這次突襲在希臘人看來是不可饒恕的。

戰火迅速燃起。斯巴達國王召開緊急同盟議會，號召伯羅奔尼撒人和其他同盟國不要玷汙祖先的名譽。雅典很強大，但希望大家打起精神，全力準備作戰。隨後，他派出使者前往雅典，但這位使者被雅典人拒絕在城外，並被告知「希臘的和平到盡頭了」。

此時，伯里克利的確也在做戰前準備。在公民大會上，他

第七章　內戰之殤：伯羅奔尼撒戰爭的陰影

要雅典人把財產迅速轉移到城內,並宣稱不會放鬆對提洛同盟的控制。提洛同盟每年向雅典繳納的保護費成了這次戰爭最主要的資金來源。甚至連帕特農神廟中雅典女神像上的金片都被取下來,以備不時之需。

在財力上,雅典遠勝過斯巴達,但步兵數量和水準明顯不如斯巴達。雅典主要依靠以三層槳戰艦為主力的海軍力量,而斯巴達的優勢在於陸軍,尤其是精銳的長矛步兵。

斯巴達集結了 3.5 萬步兵,一路順利北上,浩浩蕩蕩開赴雅典。伯里克利自知陸上作戰毫無優勢,於是採取揚長避短的策略,所有農民遷至城內,雅典全城戒備,但絕不應戰。斯巴達人被伯里克利的「不抵抗政策」弄得摸不到頭緒,強大的步兵陣容毫無用武之地。雅典的城牆固若金湯,斯巴達便氣急敗壞地開始破壞城外的莊稼和房屋,希望激起雅典人的憤怒,出城迎戰。雅典民眾正有此意,但伯里克利分析當前局勢,只派出一部分騎兵保護農村地區。

看似按兵不動的伯里克利,其實另有謀劃。他命令 100 艘戰艦環繞伯羅奔尼撒半島航行,凡是遇到沿岸城市,就上岸將其夷為廢墟,阻斷伯羅奔尼撒同盟之間的海上貿易,大大打擊了斯巴達陣營的後援力量。

伯里克利沒有讓雅典人白白損失家園和土地,斯巴達不久就因為軍備供給困難而撤退,它的一些同盟國也遭到雅典海軍的襲擊。就在斯巴達撤退時,雅典人開始了海陸聯合反攻。伯

里克利還成功實施了遠交近攻的軍事戰略,將色雷斯和馬其頓拉入提洛同盟,使斯巴達腹背受敵。

然而,再足智多謀也難免百密一疏,伯里克利忽略了一個潛在的致命危險。西元前430年的夏天,酷暑難耐,遷至內城的農民擠在臨時搭建的木棚裡。稠密的人口和惡劣的環境引發了一場大瘟疫,病毒像一個魔咒,在人群中飛速傳播。屍體無法即時處理,產生惡性循環,瘟疫蔓延了將近三年。它比斯巴達的進攻更可怕,很多百姓、戰士,甚至醫生都被奪去了生命,雅典人口損失了四分之一。

伯里克利向戰神山議事會申請了10塔蘭特金幣,相當於330公斤黃金。他暗中把這筆錢送給了斯巴達的兩位國王,請求他們不要在瘟疫期間進攻雅典。但是痛苦不堪的雅典民眾終於忍不住對他的抱怨,認為伯里克利應該對戰爭和瘟疫負全責,並認為他動用公款向斯巴達求和。在關鍵時刻,雅典的自由和民主產生負面作用——人們剝奪了伯里克利的職權,罰他繳納50塔蘭特。但是沒有更優秀的人能接替他的職務,於是他又被恢復原職。

瘟疫面前,人人都是平等的弱者。伯里克利的妹妹和他與前妻所生的兩個兒子相繼死去,雅典人對年邁又滿身傷痛的伯里克利表示同情,否決了他親自制定的法律,將公民權授予阿斯帕西婭(Aspasia)和她所生的兒子小伯里克利。

斯巴達依舊浮躁,想取得波斯的支援以增強實力,遂派出

第七章　內戰之殤：伯羅奔尼撒戰爭的陰影

一個使團前往波斯。但伯里克利及時察覺了這個陰謀，在途中攔截了使團，將使者押回雅典處死。此後，提洛同盟對斯巴達產生了警惕。

天意難料，復職後沒幾個月，伯里克利自己也身染瘟疫。在雅典內憂外患的時刻，這位黃金時代的領袖不幸倒下了。

為了阻止政敵客蒙（Cimon）的兒子進入政界，伯里克利曾頒布《公民權法》。但他的第二任妻子阿斯帕西婭是米利都人，因此小伯里克利同樣不能獲得公民身分。不過，雅典人出於愛戴和同情，在伯里克利死前賜予小伯里克利公民權。西元前410年，小伯里克利進入政壇，成為雅典海軍將領。在四年後與斯巴達盟軍的交戰中，由於救援不力，他被戰神山議事會判定有罪。參戰的八名海軍將領有兩人逃走，小伯里克利和其他五人回到雅典受審，被判處死刑。蘇格拉底曾試圖為小伯里克利辯護，但終究沒有成功。

雅典慘敗

雅典有一位機智而幽默、勇敢而放蕩的「富二代」：他穿上一雙新穎的鞋子，那種款式的鞋子就成了雅典城最時尚的代表；他因為和朋友打賭，敢在大街上打最有權勢的人一個耳光；雖然他有時候完全聽不進他人的忠告，但蘇格拉底還是對他分外

雅典慘敗

親切;他違反了無數次法律、傷害了無數個人,但就是沒有人到法院起訴他;即使是他的妻子也無法阻止他與風塵女子鬼混。他唯一遇到的對手就是穩重而慷慨的尼西阿斯。這個年輕人就是雅典的頭號風流人物——阿爾西比亞德斯(Alcibiades),正是他把希臘世界五十年的和平友好變成了六年的短暫休戰。

阿爾西比亞德斯繼承了克里昂的雄辯口才、好戰風格和帝國主義野心。西元前420年,他當選為十將軍委員會成員後,便開始暗中策劃。此時,雅典已經從瘟疫中走了出來,社會逐漸恢復常軌,卻又被阿爾西比亞德斯重新帶入備戰狀態。

為了實現自己的帝國夢,阿爾西比亞德斯把目光鎖定在義大利與西西里的富饒國度,想為雅典開創一片新天地。若能在那裡立足,雅典不僅能夠控制伯羅奔尼撒半島的海上運輸,而且貢品徵收將翻倍,物力、人力、財力也都將大幅提升,將整個西地中海區域納入大雅典帝國的版圖。

不過,征服西西里並沒有那麼容易。西元前427年,當希臘大陸上兩軍對陣時,西西里也上演了兩個陣營的爭霸賽。一方是以敘拉古(Syracuse)為首的多利安人陣營,另一方是以萊昂蒂尼(Leontini)為首的愛奧尼亞人陣營。愛奧尼亞人曾向雅典求助,說一旦敘拉古把西西里變成多利安人的天下,就會為斯巴達提供強大的支援。阿爾西比亞德斯立刻抓住機會,打算趁西西里內亂之際,不費吹灰之力地將它併入雅典,並說要成為強國就必須武力擴張,否則就會墮落衰敗。

第七章　內戰之殤：伯羅奔尼撒戰爭的陰影

　　議會被阿爾西比亞德斯的妄想和擴張陰謀所煽動，尼西阿斯一再提醒還是無濟於事。議會決定撥出一大筆海軍軍費向敘拉古宣戰，阿爾西比亞德斯和尼西阿斯同時擔任艦隊指揮。兩個向來不和的政客湊在一起，難免讓人對這次出征多了幾分憂慮。

　　就在艦隊即將起程的日子，雅典發生了一件怪事。當晨光灑入雅典城中時，人們驚異地發現，許多公共建築和私人宅邸前設立的雕像——保護神赫爾墨斯（Hermes），都被敲掉了耳朵和鼻子。雅典人惶恐又憤怒地進行調查，原來是阿爾西比亞德斯喝醉酒之後帶領朋友搞的惡作劇。阿爾西比亞德斯要求立即開庭審判，因為沒有足夠的證據，以他的如簧巧舌一定能為自己開脫罪名。他的政敵料想到這一點，故意延期審判，讓阿爾西比亞德斯先趕赴西西里。

　　一支由一百三十多艘三層槳戰船和兩萬多名士兵組成的遠征軍隊從雅典出發了。抵達西西里後，他們並沒有馬上攻擊敘拉古軍隊，而是準備征討附近一個港口城邦，以占據有利地勢。但是戰鬥還沒有開始，雅典就找到了阿爾西比亞德斯毀壞神像的新證據，命他速回雅典受審。阿爾西比亞德斯怕自己難逃一死，在回國途中上岸逃跑了。阿爾西比亞德斯對雅典懷恨在心，於是逃到伯羅奔尼撒半島，投靠了斯巴達。在斯巴達議會上，他表示願意為斯巴達效力攻打雅典，然後在雅典建立貴族政權。

雅典慘敗

　　阿爾西比亞德斯很快成為斯巴達的謀士，他建議斯巴達兵分兩路，派一支艦隊去西西里支援敘拉古，另一支軍隊去攻擊雅典的重要鄉鎮德克萊亞。德克萊亞有著名的勞留姆銀礦，並連繫著雅典城外的所有村落，拿下德克萊亞就等於切斷了雅典的財源，屆時，各屬國見雅典大勢已去，也不會再擁護支持。斯巴達人採納了他的提議。

　　再說尼西阿斯統率的雅典大軍，在西元前414年春夏之交對敘拉古進行圍攻，大敗敘拉古。正當敘拉古準備投降時，斯巴達的援軍趕到，把雅典艦隊封鎖在敘拉古海灣。雅典原本來得及撤退，但恰好發生了月食，尼西阿斯過於迷信天象，錯過了最後的突圍機會，被敵人徹底包圍。尼西阿斯被迫應戰，先後在海上、陸上遭到敵軍的猛烈攻擊。儘管英勇奮戰，雅典人還是被打敗了。體弱多病的尼西阿斯犧牲了，雅典士兵的屍體堵塞了河道，被俘者淪為礦場奴隸，飽受折磨而死。

　　雅典慘敗於西西里島之後，許多同盟國紛紛退出聯盟。同時，阿爾西比亞德斯代表斯巴達來到小亞細亞與波斯訂立同盟條約，但是他又背叛了斯巴達。他勸說總督不要幫助斯巴達，讓總督坐觀鷸蚌相爭。如果斯巴達稱霸希臘，對波斯來說，與雅典帝國時期沒有任何區別。

　　久陷困境的雅典也於此時爆發了寡頭政變，建立起寡頭軍事領導。但民主制已經深入人心，許多海外城邦並不承認雅典的新政權。靈活善變的阿爾西比亞德斯乘機倒向民主派，他煽動

第七章　內戰之殤：伯羅奔尼撒戰爭的陰影

薩摩斯的雅典駐軍，說服了駐軍將領迎回自己。如阿爾西比亞德斯所料，寡頭政治不久夭折，而雅典人經過重新討論，召回了包括阿爾西比亞德斯在內的一些流放將領。在這場戰爭中，阿爾西比亞德斯雖然遭到多方唾棄和懷疑，卻能利用不同利益集團之間的矛盾糾葛，展開自己的外交攻勢，並且左右逢源，為所欲為。

霸主之爭

據說，伯羅奔尼撒戰爭的爆發和一個女人有關。雖然嚴謹客觀的修昔底德記錄這段歷史時對她隻字未提，但後人還是從其他歷史文獻中發現了端倪。那些思想單純的人時常把戰爭的起因歸結於一個人，尤其是女人，於是自古以來流傳著很多「衝冠一怒為紅顏」的故事，就像人們說希臘聯軍是因為海倫被拐走才將特洛伊夷為平地，吳三桂因陳圓圓被劫而一怒之下將李自成趕出京城。

這個不同尋常的女子叫阿斯帕西婭，是一個才貌雙全的米利都人。伯里克利遇到她之後，很快就與妻子離婚，與阿斯帕西婭結婚。阿斯帕西婭風度優雅，智慧過人，包括蘇格拉底在內的不少哲學家和藝術家都是她的座上客。她的故鄉米利都和薩摩斯是宿敵，伯里克利就是在阿斯帕西婭的煽動之下，向薩

摩斯進軍。

這背後其實隱藏著希臘帝國的擴張野心。地米斯托克利把波希戰爭期間以雅典為首成立的提洛同盟，變成了奴役盟友的工具。作為政治家，這是必然的，雅典也正因此迅速成長為一個帝國。戰後的希臘世界便出現了兩個權力核心，即以雅典為核心的海上力量和以斯巴達為核心的陸地力量。地米斯托克利內心明白，斯巴達是不會與雅典結為盟友的，他們只是一群自私自利的傢伙，早就覬覦雅典的貿易地位，總有一天，兩大勢力中的一個將統一希臘世界。所以，他沒有解散提洛同盟，而是藉助波斯產生的威脅而果斷加強了同盟。果然不出所料，斯巴達很快便組織了一個伯羅奔尼撒同盟。

抱著擴張的目的，雅典希望加強對愛琴海地區商業和政治命脈的鉗制。利用對同盟的領導權，雅典把戰時盟友成功轉換為自己的藩屬，嚴格控制各地區的貿易運輸，提高向各城邦收取的保護費。然而盟友們發現，他們上交的經費被用來整修雅典，或是支付希臘內戰的軍備。

提洛同盟的很多成員對此不滿，利益衝突促使各城邦興起獨立的想法，他們紛紛表示反對，卻遭到伯里克利的武力鎮壓，薩摩斯島、埃維亞島等地都被雅典征服。斯巴達人向來是希臘對立問題的調解員和助陣者，有的城邦希望斯巴達出面，遏制雅典勢力的蔓延。斯巴達了解雅典的海軍威力，無心作戰，但暗中支持提洛同盟中的反叛者，試圖削弱雅典的力量。

第七章　內戰之殤：伯羅奔尼撒戰爭的陰影

　　隨後，兩大城邦簽訂了一個為期三十年的和平協議。不過，這個協議只是提供雙方足夠更新戰備的時間，並未換來希臘地區真正的和平。主要城邦都選擇表態，加入其中一方陣營，另外一些城邦在兩邊都有一席之地，處於模糊不清的狀態，這時候，任何和平協議都是脆弱的，它本身就埋下了戰爭的種子。

　　西元前 435 年，科林斯的屬國克基拉宣布獨立，並加入提洛同盟以尋求保護。這時，正在構築龐大艦隊的科林斯恰好威脅到了雅典的海上霸權。雅典出兵支援克基拉，並對支持科林斯的麥加拉下達強製法令：所有麥加拉的產品不得進入雅典地區以及帝國市場。科林斯和麥加拉處境不利，立即向盟主斯巴達求助。

　　斯巴達建議雅典撤銷《麥加拉法令》(*Megarian Decree*)，伯里克利表示可以同意，但要求斯巴達准許公民與外國人通商。斯巴達沒有接受，反而當面指責雅典違反了和平協定，提出雅典應該承認所有希臘城邦獨立自主，也就是逼雅典放棄盟主地位。雙方誰都不肯讓步，一場霸主之爭就此拉開序幕。

　　雅典人迫不及待地向北、向西，擴大自己的利益圈，此時東部的薩摩斯人揭竿而起。起義一直蔓延到拜占庭，幾乎顛覆了雅典的海上控制權，威脅到了雅典在愛琴海地區的版圖擴張。當時的薩摩斯實行寡頭政治，而雅典剛剛在其鄰邦米利都建立起民主制，雙方發生了爭執。米利都人向雅典控告薩摩斯，雅典立即派出一支艦隊，準備廢黜薩摩斯的寡頭制政府。

但薩摩斯政府得到薩迪斯的支持，戰爭隨即擴大規模。最終，雅典圍攻薩摩斯長達九個月，收編了薩摩斯的海軍，建立民主政府，卻也殘殺了很多俘虜，並向薩摩斯索要鉅額賠款。

雅典投降

在赫勒斯滂海戰中，經過休息整備的雅典海軍打敗了缺乏海上經驗的伯羅奔尼撒聯軍，大大鼓舞了快要喪失希望的雅典。次年，連連挫敗的雅典終於迎來了好消息。雅典繼續發揮海上優勢，重新奪回了色雷斯海岸和黑海航道的控制權。

儘管如此，波斯站在斯巴達陣營，雅典還是處於不利地位。雖然波斯沒有向斯巴達派出援兵，但一直用金錢支援斯巴達的軍備。就在雅典海軍再次崛起時，波斯和斯巴達的連繫亦更進一步。

波斯王子居魯士（Cyrus）出任小亞細亞總督，斯巴達海軍統帥呂山德（Lysander）上任第一件事就是去拜見居魯士。呂山德不僅拉攏與波斯的關係，還帶回了 10,000 大流克金幣。他把這筆錢用來提高艦隊水手的薪酬，招募了許多水手，甚至有雅典水手也為了利益而跑到斯巴達這邊。因此，雅典也損失了一部分兵力。呂山德的智慧不僅表現在用金錢爭奪水手之上，更表現在他的作戰邏輯中。西元前 406 年，呂山德聽說阿爾西比

第七章　內戰之殤：伯羅奔尼撒戰爭的陰影

亞德斯不在雅典軍中，立刻發起攻擊，一舉擊沉 15 艘雅典戰艦。雅典軍事上並無大礙，政治上卻發生劇烈震盪。因為阿爾西比亞德斯曾投靠過斯巴達，而他在這次戰役中缺席，雅典人都認為是他與呂山德串通導致了雅典的損失。精明投機的人也有被暗算的一天，阿爾西比亞德斯再次被雅典人放逐了。

呂山德任期一到，就被魯莽無謀的卡利克拉提達斯（Callicratidas）接替。新的海軍統帥先對薩摩斯的雅典駐軍發起攻擊，擊沉 30 艘戰艦。山窮水盡的雅典已不惜破釜沉舟的代價，雅典人將衛城的金銀雕像全部拿來作為最後的經費，打造了 110 艘三層槳戰船，又匯集了盟友的 40 艘戰艦，並承諾願意為雅典效力的奴隸將獲得自由，外來定居者將得到公民權。

在阿爾基努薩伊群島，雅典的新艦隊與斯巴達海軍展開了一場大規模海戰。這場戰役扭轉了戰爭局勢，斯巴達損失慘重，70 艘戰艦被毀，卡利克拉提達斯陣亡，雅典奪回了制海權。但有一些指揮官因為沒有打撈犧牲的水手，而公開受審。雅典重視死人甚於生者，這些優秀的指揮官都遭到處決。在最關鍵的時刻，雅典自己斷送了「前程」，可見它的民主並非十全十美。

趁著雅典城內混亂，斯巴達捲土重來。按照斯巴達的法律，任何人都不能兩次出任海軍統帥，但出於信任和愛戴，呂山德被推舉為統帥助理，以此名義指揮海軍行動。他也再次得到居魯士的鼎力相助。

西元前 405 年，呂山德打探敵方情況，確定雅典沒有在赫

勒斯滂海峽防守之後，立即組織艦隊，一路奔襲，攻占了拉姆普薩克斯。雅典也派出 180 艘戰艦在羊河口駐紮，準備與對岸的斯巴達艦隊決一死戰。雅典軍來勢洶洶，如果此刻交鋒，斯巴達未必占優勢。呂山德採取了當年伯里克利的避戰方案，下令整個艦隊退回港口。急於決戰的雅典海軍不斷發出挑釁，但沒有得到絲毫回應。

直到第五天，斯巴達還是不理睬雅典軍隊的挑釁。就在雅典艦隊掉頭返回時，一艘斯巴達小船忽然發射了閃光信號，通知斯巴達軍隊，雅典軍已經全部登岸。整裝待發的斯巴達戰艦迅速起錨，飛速撲向對面的雅典戰艦，等雅典人發現斯巴達人的襲擊時，他們已經來不及反擊了。空蕩蕩的戰船被斯巴達輕而易舉地拖走，180 艘戰艦只有 9 艘逃脫。雅典士兵繼而遭到斯巴達人的陸上追擊，傷亡慘重。

連神像上的黃金都被用來備戰的雅典，再也沒有能力彌補損失了。它的海上通道被徹底阻斷，來自斯巴達海陸兩方的全面包圍，使雅典淪為一座孤城，除了薩摩斯，再也沒有任何盟友支持雅典。敗局已定，長達 27 年的伯羅奔尼撒戰爭即將進入尾聲。

西元前 404 年 4 月，被困的雅典苦不堪言，終於向斯巴達投降。呂山德說他不願意摧毀曾為希臘做出如此多貢獻的城市，也不願意奴役雅典人民，但要將長城夷為平地，不得保留海軍，只能留下 12 艘小型戰船作為自衛軍，並召回寡頭派流放者，接

第七章　內戰之殤：伯羅奔尼撒戰爭的陰影

受斯巴達的領導。

黃金時代在戰火中化為灰燼，一場耗時數十年的「古代世界大戰」改變了希臘世界的格局。伯羅奔尼撒戰爭帶給希臘的創傷，遠比波希戰爭造成的災害更加嚴重。雖然斯巴達贏得了希臘霸權，但此後再也沒有任何結盟能與曾經的提洛同盟相提並論，也沒有任何時代能媲美黃金時代。

古希臘時代的悲喜劇

看戲是古希臘人重要的日常活動。自從西元前 420 年伯里克利開始發放觀劇津貼，戲劇的受眾更是從上流社會擴展到普通百姓。人們對戲劇的需求越來越強烈，演出場地也從廣場搬進了能容納上萬名觀眾的專門劇場。

在雅典的劇場裡，觀眾是最自由、最有權利決定戲劇命運的。觀眾只要不滿臺上的演出，就會向舞臺扔出橄欖和無花果，當然，最常用的是石頭，著名劇作家艾斯奇勒斯（Aeschylus）就曾經差點死在亂石之下。有時候，如果把一幕戲中觀眾丟的石頭都收集起來，甚至可能蓋出一座房子。

為了方便觀看演出，劇場大多建在山丘的斜坡上。看臺呈半圓形，環繞戲臺。戲臺兼具多重功能，寬敞的舞臺之外，旁邊的房子供演員換裝，牆壁可當作舞臺布景，表現戰爭的血腥

場面。當時的舞臺上還可以藉助滑輪工具，表演天降神明的場面。合唱團站在演員與觀眾之間的圓形空地上，旁邊設有戴奧尼索斯的祭壇。

看臺座位曾經用木頭支撐，因為後來發生了坍塌事故，就換成了石製座位。雖然各階層人士都可以入場觀看，但並不能隨意就座。幾個有靠背的座位是留給顯要人物的，男人和女人不能坐在一起，而且嚴謹端莊的婦女也從來不出門看戲。

希臘的劇場總是熱鬧非凡，人們爭吵著搶好座位，看戲時吃著點心、喝著葡萄酒，高興時鼓掌歡呼，厭煩時發出噓聲喝倒彩，或者亂踢凳子表示不滿，最強烈的抗議就是扔石頭。觀眾席上也有演員僱用的「暗樁」，萬一大家對戲劇不滿，他們就立刻鼓掌喝采以掩蓋噓聲，否則，只要觀眾不高興，無論演到何處，演員都會被趕下臺。人們對於大多數劇情耳熟能詳，根本不在乎演出完整與否。

最早在舞臺上出現的是古希臘悲劇。由於起源於酒神節，因此悲劇的題材大多是大眾都能接受的古希臘神話與英雄傳說。雖然這令戲劇失去了懸念與期待感，但劇作家用各具風格的詩篇加以描繪，用不同的音樂做渲染，用自己的哲學思想和道德倫理加以闡釋，仍然令古希臘悲劇產生了深邃經典的魅力，可以啟迪人們的心智，淨化人們的靈魂。

悲劇的主角總是那些堅強不屈的人物，他們並非不夠強大和正義，但是面對錯綜複雜的命運，他們屢遭失敗，最終落得

第七章　內戰之殤：伯羅奔尼撒戰爭的陰影

悲慘的結局。觀眾為主角的遭遇感到震驚、恐懼和憐憫，為之黯然神傷。古希臘有三大著名悲劇作家，即艾斯奇勒斯（Aeschylus）、索福克里斯（Sophocles）和尤里比底斯（Euripides），是他們把悲劇推上了古希臘文學的頂峰。

後起的喜劇則遠離了高高在上的神明和英雄，牢牢根植於當時的文化和政治土壤。劇作家在生活中的所見所聞就是他們的創作素材。在喜劇中，嚴肅的氣氛不見了，取而代之的是輕鬆而粗俗的市井氣息，風格滑稽戲謔，常常被用來諷刺社會現象和政治制度。古希臘著名的喜劇家阿里斯托芬（Aristophanes）是獨一無二的喜劇天才。

馬其頓統一希臘之後，喜劇有了新的發展，其焦點從政治轉移到各個階層的社會人物。演員在舞臺上插科打諢，演繹著世俗的歡樂。

蘇格拉底

蘇格拉底（Socrates）曾經為國家在戰場上出生入死，後來又點燃自己思想的燭光，希望能光耀雅典。他每天遊走在雅典的大街小巷，和市集上的人們討論政府權力的弊端，教人們用懷疑的精神和批判的眼光看待一切權威，甚至包括雅典崇拜的神明。如果民眾都能夠認清現實、追求真理，那麼雅典的振興

將指日可待。

亞里斯多德把真理看得比老師重要，說「吾愛吾師，吾更愛真理」。克里提亞斯（Critias）也不獨尊老師，他把政權看得更重要。所以，身為蘇格拉底的弟子，他卻禁止蘇格拉底公開演說，並強令老師擁護他的寡頭政治。年近古稀的老哲學家自然不會向強權妥協。克里提亞斯命令蘇格拉底和其他四人去薩米拉島逮捕民主人士萊昂（Leon），其他四人都聽命前往，唯有蘇格拉底拒絕，他認為萊昂是清白無罪的。三十僭主很快地被推翻了，蘇格拉底沒有因此事獲罪，但卻是推翻三十僭主的民主派對蘇格拉底判處了死刑。

對蘇格拉底提起訴訟的民主派領袖阿尼圖斯（Anytus）其實並非壞人。他曾在色拉西布洛斯（Thrasybulus）的領導下英勇打擊殘暴的寡頭派，卻也挽救了被捕的寡頭派人物，促成色拉西布洛斯的大赦，並把三十僭主強取豪奪的財產歸還民眾。但他唯獨對於不會帶給雅典任何危害的蘇格拉底耿耿於懷，其中原因要從多年往事說起。阿尼圖斯曾被流放國外，在這期間，他的兒子留在雅典跟隨蘇格拉底。當阿尼圖斯回到雅典時，發現他的兒子已經墮落成一名酒鬼。阿尼圖斯因此一直懷恨在心，也不可避免地先入為主、戴著有色眼鏡，將蘇格拉底視為腐化年輕人的蠹蟲。

而在蘇格拉底看來，讓雅典為之驕傲的民主和自由正逐漸淪落。隨著擴張侵略與反侵略戰爭，雅典不僅失去了物質的繁

第七章　內戰之殤：伯羅奔尼撒戰爭的陰影

榮，也丟棄了精神的高貴。真正的智者永遠能夠做到「眾人皆醉我獨醒」，蘇格拉底看到雅典的民主制度江河日下，為之憂心忡忡。他希望雅典能及時遏制墮落，把文明傳播到每個雅典人心中，讓城邦走上復興之路。

然而能夠大赦政敵的民主派政權，卻不能寬容一個正義而有遠見的啟蒙者。他們懼怕公民受到蘇格拉底的影響，從而動搖當下的統治，於是藉著「不敬神明」和「毒害青年」的罪名，包括阿尼圖斯在內的當權者將蘇格拉底告上了法庭。

阿尼圖斯對蘇格拉底最初的不滿，也加深了其他方面的仇視。阿尼圖斯認為，儘管蘇格拉底曾經指責克里提亞斯的統治，但畢竟是殘暴者的老師；伯羅奔尼撒戰爭中的叛徒阿爾西比亞德斯也與蘇格拉底交往甚密；而他的好朋友曾是克里提亞斯的部下，剛剛死在民主派的刀下。這些間接的合理或不合理的因素在阿尼圖斯心中縈繞，他認為對蘇格拉底的處罰若非流放，就是處死。

西元前 399 年，蘇格拉底的審判開始了。審判在一所普通法院中進行，將近 500 名公民參加決議，大多數人都不是知識分子，他們甚至不了解蘇格拉底其人其事，聽到對他的訴訟就判斷他是雅典的禍害。

在申辯時，蘇格拉底宣稱自己一直在履行傳播善與美的神聖使命，「無論你們做何處置，我將永遠不會改變我的作風，就算必須萬死我也在所不惜」。當法官想打斷他的話時，他更加堅

定地說：

「我想讓你們知道，假如你們殺掉像我這樣的人，你們將傷害自己比傷害我更嚴重⋯⋯因為殺死我，你們將很難找到另一個像我這樣 —— 容我做一個不恰當的比喻 —— 上帝派遣到我們國家的牛虻。雅典像一匹碩大高貴的馬，由於體積大、行動遲緩，需要給予刺激，才能讓它提振精神。」

公民大會第一次投票表決時，贊成判處死刑的人只比反對者多60票。這意味著，倘若蘇格拉底的申辯能緩和柔軟一些，他很可能會扭轉局面被宣判無罪。他也有權提議用罰款代替死刑，但他起初並沒有讓步，直到在弟子柏拉圖和朋友的努力擔保下，他才願意出30米納，約為3,000美元。但是，蘇格拉底的強硬態度沒有得到普通百姓的理解，第二次投票，希望判處他死刑的又多了80人。

死刑已判定，但蘇格拉底仍然有機會越獄逃脫，他的弟子們都準備買通法官，甚至阿尼圖斯也希望能折中處理此案。但蘇格拉底堅持原則，絕不因怕死而逃避。在死前一個月內，每天都有學生去獄中探望蘇格拉底。蘇格拉底視死如歸，依然平靜地和學生們交流思想、展開辯論。

一個月後，蘇格拉底飲下毒酒，獻祭於一個信仰衰朽了的時代。

正如蘇格拉底在申辯中的預言所說，雅典人不久之後就後悔將蘇格拉底判處死刑，但為時已晚。他們放逐了阿尼圖斯，

第七章　內戰之殤：伯羅奔尼撒戰爭的陰影

處死了另一位起訴者梅勒圖斯（Meletus）。為了紀念這位偉大的哲學家，雅典人還曾塑造了蘇格拉底的銅像。

蘇格拉底的確像一隻牛虻，讓雅典這匹沉淪老朽的馬重新打起精神。雅典文化經過一番陣痛後，再次走向成熟，文學、哲學和藝術等方面以驚人的活力走出絕望，雅典重新成為希臘文明的中心。

一個國家的窮困潦倒並不可怕，可怕的是它靈魂上的創傷再難醫治。幸好，蘇格拉底用自己的生命換來了雅典人的覺醒。

第八章
全盛雅典：黃金時代的榮耀與光芒

第八章　全盛雅典：黃金時代的榮耀與光芒

雅典公民的言論自由

　　雅典文明的精髓就在於希臘公民享有的自由，這種自由涵蓋了公民生活的各個方面，是一個完整的自由體系，而不像其他城邦那樣，連自由都被限制在某個框架內。

　　古希臘文明並非純粹的原始文明。和其他文明一樣，它在歲月的累積、沉澱中，不斷借鏡、吸收更古老的文明。但無論面對什麼文明，希臘人都能夠使之為己所用，藉著外來的基礎打造希臘獨有的智慧創意。他們喜歡以商人、旅行者或漂泊者的身分去國外周遊，每到一處都不忘記帶上懷疑的精神、理性的思辨、好學的習慣以及批判的眼光。

　　哲學家康德（Immanuel Kant）說：「個人是自由的，他只服從於法律而不服從於個人。」熱愛法律，尊重並服從法律，是自由的核心內容。雅典法律是全體雅典公民的意志展現，是無私而公正的。法律面前，人人平等，且不失尊嚴。

　　自由表達思想是雅典公民的基本權利。每個人都不是別人的奴僕，他們只服從法律，而不需要向任何人低頭。雅典公民擁有言論、批評和討論的自由。作為被討論的對象，雅典的政治是完全公開透明的，不會對雅典公民有任何隱瞞。每一個公民都可以對現行政策提出自己的意見，即使是被民眾推選出的執政官也沒有濫用權力的空間。

　　悲劇詩人尤里比底斯（Euripides）說：「所謂奴隸，就是一

個不能發表自己思想觀點的人。」古希臘人認為，允許公民自由地思考和發表言論，比依靠法律強制維護自由更重要。雅典人可以自由地思考哲學、政治和現實生活。閱讀古希臘著作時，我們發現，絕大多數希臘學者都不會在自己的著作中為權威注釋，在講述某種學說時，也只是引用、說明前人的論述。他們沒有盲從學者的習慣，善於獨立思考。在希臘各學派中，只有伊比鳩魯學派有點樹立權威的想法，但也僅此而已。他們尊重自己的獨立，也尊重他人的獨立。

公民大會期間，街頭巷尾到處都是演講者，他們可以對政策發表任何議論，為自己拉選票或表示支持某人。在雅典的街頭和劇院還有各種戲劇表演。劇作家阿里斯托芬以其政治劇而聞名，雅典的名人、政治家、思想家和軍事將領都曾成為阿里斯托芬嘲諷的對象。但從沒有人因為進行諷刺表演而獲罪。

伯里克利曾這樣讚美雅典的自由：「當我們隔壁鄰人為所欲為的時候，我們不至於因此而生氣；我們也不會因此而給他難看的臉色，以傷害他的情感，儘管這種臉色對他沒有實際的損害。在私人生活中，我們是自由而寬容的。」

同一時期，其他城邦正陷入黨派鬥爭的漩渦中，經濟文化萎靡不振；而在雅典，人們的財富與民主思想日益茁壯，智慧與教化受到希臘人民的關注和追求。

荷馬時代的文化可以說是一種貴族式的文化，而在黃金時代，經濟與政治的繁榮帶來了新的思想和情感意識。《荷馬史

第八章　全盛雅典：黃金時代的榮耀與光芒

詩》(Homeric Epics)成為公民教育的普及讀物；傳統的神話傳說也被劇作家們一一改編，變成世俗化的隱喻故事，涵蓋倫理道德等複雜糾葛的內容。幾個世紀以前的宮廷宴會、貴族節慶，也變為全民的自由娛樂。

雅典的藝術在這一段時期也獲得空前的發展。這裡沒有象徵至高無上權力的金字塔，也沒有展現統治者威嚴的巨型雕像。從建築的韻律、雕塑的線條，到陶器的花紋，都呈現出和諧靜謐的美感，讓人心曠神怡。幾乎所有的藝術家都願意和群眾的欣賞品味息息相通。希臘人從來不會忘記身心的放鬆，他們的生活優雅而歡樂。

西元前431年，伯羅奔尼撒戰爭爆發，一部分奮勇抵抗斯巴達人的雅典戰士在戰場上犧牲了。在這些殉國將士的葬禮上，伯里克利發表了著名演說。他慷慨悼念將士們大無畏的英雄氣概，更對雅典黃金時代的文明成就做出一番自豪的陳述。他說：「我可以斷言，我們雅典是希臘的學校，我們當中的每一個人都具備了完美的素養，又同時具備溫文爾雅和多才多藝的氣質。正因為這些優良特質，我們的城邦才得以擁有今天的實力。」

有人對雅典黃金時代的民主政治提出質疑，因為其受益者其實只占雅典人口的少數，多為富裕有閒的公民。而他們的妻子一生都守在家中紡織勞動，連一場戲劇都不能觀看；定居雅典的外邦人也受到歧視；終日辛勞工作的廣大奴隸所面臨的糟糕待遇更是不必說了。但縱觀人類歷史，直到現代，這種狀況

才有所改觀。雅典民主最重大的意義在於它的包容性，它把最高權力直接交到了每一個公民手裡。

也不得不承認，這種輪流執政、抽籤選舉的民主容易造成黨派傾軋、濫用權力、衝動決策等弊病。任何一個政體都不可能十全十美，然而正是這種民主把雅典推上了歷史的巔峰。至少，這樣一個混亂不寧的政府可以提供一種學習的視角。議會中的投票者，可以聆聽全雅典最精明的人發表演說，耳濡目染之下，法院陪審員便具備了敏銳的頭腦，公務員在責任的磨練中也更具判斷力和執行力。歷史能夠原諒雅典民主政治的一切過錯。

登上頂峰的希臘文明

伯里克利終於實現了他的政治夢想，接下來就該著手實踐雅典夢的宏偉藍圖了。他希望雅典成為全希臘的中心。

在雅典的普尼克斯山上，嚴寒酷暑並沒有阻擋阿提卡各地的公民常來常往。幾乎每隔十天，他們就聚集在這裡為雅典城邦的未來獻計獻策。宗教執事拿著祭祀的乳豬，繞場一周以祛除不潔，隨後，議會就開始了。講臺上，最精明的雅典人發表著他的提議，五百名投票者坐在微微傾向講臺的地面上。他們頭頂是蔚藍的天空，一邊可以看到衛城上雄偉的神廟，另一邊

第八章　全盛雅典：黃金時代的榮耀與光芒

有銀色的浪花拍擊著愛琴海海岸。就在這儉樸的會場上，雅典迎來了歷史巔峰。

波希戰爭中，雅典城曾被薛西斯一把火燒成廢墟，很多建築被毀。但在伯里克利看來，宏偉華麗的城市才配得上民主自由的社會。為了恢復雅典城市舊貌，伯里克利動用城邦金庫，聘請了一大批出色的雕塑家和建築師來興修公共建築。各行各業的能工巧匠用精湛的技藝把雅典裝扮得格外壯麗，很多聞名後世的建築就是當時的成果。

伯里克利非常推崇戲劇的政治功能，下令建造一座能容納一萬四千名觀眾的露天劇場。許多劇作家在這裡上演自己的作品，對後來的歐洲文學產生了極大的影響。同時亦精心設計、建造了專門用來誦詩的音樂廳，令詩歌也得以廣泛傳播和發展。

衛城是雅典的中心，也是雅典人的精神所繫。每一個政變者都把衛城當作目標，侵略者也把攻占衛城視為勝利的象徵，因此，雅典衛城遭到波斯人無情的摧毀。伯里克利自然不會忽略雅典的「面子」。經過一番修葺，衛城上建起了山門、帕特農神廟、雅典娜・尼克神廟、伊瑞克提翁神廟等多種建築。這是希臘文明的象徵，每一個雅典人仰望它的時候，都能感受到心靈的昇華。

政敵修昔底德曾藉此指責伯里克利，說他揮霍公款。於是，坦蕩的伯里克利在公民大會上詢問大家，他大興土木的花費是不是過頭了，人們紛紛說是。於是伯里克利宣布他將用私人財產

獨自承擔整修費用,但要在所有公共建築上刻下自己的名字。聽到這裡,公民們又是一陣叫嚷,不允許他這麼做,要他儘管花國家的錢。

這就是伯里克利的個人魅力,他剛正不阿,清白自守,從不利用公職中飽私囊。地米斯托克利在執政期間可謂是「窮著來、肥著走」,而廉潔的伯里克利儘管曾利用賄賂為城邦謀福利,他自己卻從未藉著公務而多得半分。他連別人的宴會邀請都拒絕參加,只有一次例外,那就是自己姪子的婚禮,但是還沒等到宴席開始,伯里克利就離開了。

伯里克利為了了解民生,經常走到市街中和人們交談,聽取民眾的訴求和意見,以便隨時調整自己的改革方案。

經過考察和分析,伯里克利把公民大會提升為處理雅典日常事務的最高機構,而執政官主要處理行政事務。他還建立了很多由陪審團做最後裁決的民眾法庭,陪審員透過抽籤產生,所有公民都可以擔任。在梭倫和克里斯提尼等人領導的時代,雖然雅典人民的權利不斷增加,但由於陪審團成員沒有報酬,所以在法庭上總是有錢人得勢。伯里克利的改革規定,公民每擔任一天陪審員,將得到 2 奧勃,後來增加到 3 奧勃,相當於那時普通雅典百姓半天的收入。此外,服兵役者也將獲得一定的酬勞。

他還勸說政府每年發給每一位公民 2 奧勃,作為他們觀看戲劇演出和參加運動競賽的補貼。他認為,這些公共活動不應

第八章　全盛雅典：黃金時代的榮耀與光芒

該是上流社會的專利，應該提供所有公民參與的機會，以提高他們的心智。即使如此，很多雅典名士，如柏拉圖等，還是保守地反對這項措施，認為這損害了雅典人的品格。

奠定政治地位以後，伯里克利還將目標指向經濟建設。為了減輕人口壓力，他設法在外國開闢殖民地，安排雅典的窮人在那裡安家立業。考慮到社會上還存在著很多賦閒人員，伯里克利以史無前例的規模發展國有企業。政府擴大了造船廠的生產規模，建立兵工廠，並撥款修築一道12.8公里的「長城」，為失業者創造了再就業的機會，也保障了軍資儲備。

波希戰爭之後，希臘贏得了對伊斯坦堡海峽和赫勒斯滂海峽的控制權，取得商業海運領域的完全自由。戰後的雅典艦隊為希臘貿易開闢了地中海的所有港口，如雨後春筍般發展的商業，為伯里克利時代的娛樂和文化提供了財力支援。

只有謹慎而溫和的貴族，在全民支持下，才能順利且持久地推行充分改革。成熟的民主政治為城邦帶來了多樣性，秩序和活力並存，希臘文明由此登上了頂峰。

陶片放逐法

幾乎在所有古希臘人物雕像上，我們都能看到希臘人自然而端莊的神情，不附加任何修飾，就像是立體的證件照。但有

一個人例外，你能看到他頭上戴著一頂奇怪的高高的頭盔，有點突兀，又讓人肅然不敢冒犯。他就是把雅典帶入黃金時代的伯里克利。荷馬之後，唯有他能用自己的名字指稱一個時代。

　　伯里克利也出身貴族世家，他的父親曾擔任雅典艦隊的指揮官，母親是克里斯提尼的孫女。伯里克利長得健碩高大，他的頭部看起來也格外碩大。不喜歡他的人總以此取笑他，說他的大腦袋放得下十一張睡床，並為他取了一個外號「蔥頭」。而藝術家們為了維護伯里克利的形象，在塑造這個偉人時，才特地為他加上了一頂頭盔，這就是伯里克利雕像的由來。

　　伯里克利碩大的腦袋中裝滿了智慧、學識和修養。少年時代，伯里克利所學的哲學、政治、文學、音樂和體育等學科，都是由雅典最優秀的老師教授的。他吸收了迅速發展的文化，將雅典文明的內涵融合起來，納入自己的思想體系。最完美的希臘人也不過如此。

　　深厚的文化累積帶給伯里克利非凡的修養和氣質。他是個彬彬有禮的君子，溫文爾雅，幾乎從不發脾氣。曾經有人心懷惡意，在市場上大聲辱罵伯里克利，但他毫不在意，神色平和，一句也沒有還口。對方跟著他罵到晚上，罵到他的家門口，伯里克利還是沒有責怪惱怒，反而囑咐僕人拿著火把將這個口乾舌燥的人送回家。

　　伯里克利在他的少年時代不僅得到了受益一生的知識，更親歷了希臘聯軍反擊波斯侵略的大戰，這番經歷讓他產生了對

第八章　全盛雅典：黃金時代的榮耀與光芒

雅典政治制度和社會狀況的冷靜分析。懷著深深的民族自豪感和強烈的愛國熱情，年輕的伯里克利決定在雅典政壇大顯身手。

伯里克利帶著宏偉的目標為自己鋪陳道路，從不放棄任何一個參與政治的機會。想進入古希臘的軍政界，必須具備出色的演講技能。伯里克利非常重視這一點，他的演講從來不用空洞的口號讓人們熱血沸騰，而是注重給予人心智的啟迪。他的發言總是簡短有力，一針見血。他甚至向神祈禱，保佑自己別說出一句不中肯的話。

西元前472年，劇作家艾斯奇勒斯創作了一齣名為《波斯人》（*The Persians*）的悲劇。他在這部劇中回顧了雅典人打敗波斯人的經過，歌頌了雅典人所為之奮鬥的價值標準。艾斯奇勒斯頌揚自由，反對奴役；讚揚民主政體，反對暴政和獨裁。這恰好反映了雅典的民心所向。伯里克利抓住時機，出資上演該劇，為自己贏得了廣泛的聲譽。

雅典政壇上，貴族派和民主派展開了激烈鬥爭，雙方交鋒互有勝負。在兩派相互傾軋的過程中，有些領導者陸續過世或遭到放逐。西元前466年，伯里克利加入民主派。這時民主派的領袖是厄菲阿爾特（Ephialtes），平民出身、靠戰功起家的一名優秀政治家。在他的影響下，伯里克利也逐漸成長，在政壇嶄露頭角。幾年後，民主派人士聯手放逐了貴族派對手客蒙（Cimon），大權在握。但因為執政手段過於激進，厄菲阿爾特不久便被反對派暗殺，民主派的使命從此落在了伯里克利身上。

西元前 444 年，雅典透過公民大會選舉伯里克利為十將軍委員會的首席將軍。他不僅掌握著雅典的軍事大權，還得以支配司法和行政，成為雅典的實際統治者。憑藉著自己的政治才幹，他在這個職位上一坐就是十年。

客蒙也是此時期重要的政治人物。客蒙是雅典將軍米太亞德的兒子，自己也是波希戰爭中的英雄，並領導了提洛同盟。他因為發現傳說中忒修斯的骸骨而贏得民眾的支持，波希戰爭勝利後，成為雅典的主要政治家之一。

客蒙的第一任妻子早年病逝，他又娶了一位斯巴達女子，所生的兩個兒子都按照斯巴達人的方式取名。這本來無可厚非，但為了不讓客蒙的兒子進入政界，伯里克利頒布《公民權法》，規定必須父母雙方都是雅典人，才能獲得雅典公民權。

雙方交鋒多年，伯里克利終於以內奸、叛徒的罪名，用陶片放逐法驅逐了客蒙。伯羅奔尼撒戰爭中，出於戰爭需求，雅典人又把客蒙請回加入軍隊，但伯里克利不允許客蒙在雅典滯留太久。最終，客蒙未能再回到雅典，死在賽普勒斯。

希波克拉底

西元前 5 世紀以前，醫學還不能被稱為一門科學。當時的人們普遍認為巫術、護身符和祈禱等方式和草藥具有同樣的功效，

第八章　全盛雅典：黃金時代的榮耀與光芒

沒有人對研究人體感到興趣，也未曾設想讓病體康復得更快。

在古希臘，國家每遭遇一場瘟疫，或是個人染上某種病症，都會籠上一層嚴肅而神祕的色彩，人們說，那是神的懲罰。不同的神會導致不同的疾病：如果病人像山羊一樣出現哮喘，或伴有右側身體的抽搐，說明是眾神之母造成的；如果病人高聲喊叫，看起來像馬，則是波塞頓造成的；如果一個病人大小便失禁，說明是赫卡特（Hecate）造成的。由此看來，他們治病要求助於宗教：神能帶來災禍也能賜予福祉，能讓人生病也能為人治病，所以很多地方都為治癒疾病的神明修建廟宇，一直到西元前5世紀，神廟還是吸引了很多這類求助者。

希波克拉底（Hippocrates）開創了真正意義上的醫學，被譽為「醫學之父」，他所在的時代也被稱作「希波克拉底時代」。為了救治病人，他冒著生命危險勇敢地解剖屍體，才明白了很多關於人體結構的知識。在他的外科著作《頭顱創傷》中，詳細描繪了頭部損傷和裂縫一類的病例，並提出有效的手術方案。

希波克拉底還總結了有關健康的科學理論，透過實踐探索，他發現了人的身體特徵和疾病成因的關係，提出了著名的「體液學說」。他指出，當體內的各種液體達到平衡時，人體就是健康的；當體液由於不恰當的飲食、鍛練、受傷或汙濁的空氣而產生不平衡時，人體就會生病。複雜的人體是由血液、黏液、黃膽汁和黑膽汁組成的，四種體液的比例不同，就會形成不同的氣質：活躍靈敏的多血質、沉靜遲緩的黏液質、急躁迅

速的膽汁質、脆弱遲鈍的憂鬱質。

古希臘治病的常見辦法是放血。血液被認為是一種病理性體液，患病時，病理性體液會分離出來，進入血管。判斷醫生是否優秀的標準，就是能否確定什麼時候、什麼位置、放多少血出來，以確保病理性體液排出體外。如果血流量大，為了防止血流不止，醫生通常會只開一個小口，在切口處放一個加熱過的吸血杯，杯中空氣冷卻收縮，透過真空法從切口吸出血來，當拿掉杯子後，血自然就止住了。這種治療方法一直延續到 19 世紀。

希波克拉底還曾寫下告誡醫生遵守職業道德的「誓言」：知恩圖報，尊師敬長；無保留地向遵守誓言的人傳授醫術；作為醫生，必須為病人謀利益，對一切病人不分男女、出身、地位、尊卑，哪怕是奴隸，都一視同仁，救死扶傷，不牟私利，保護病人的隱私。

如違背誓言，將受到神的懲罰。這些醫務道德被稱為「希波克拉底誓言」，一直是世界醫學協會所指定的國際醫務人員道德規範的基礎。

婦女解放運動

古希臘是一個單性社會，在所有公共食堂、會場、體育館、學校中看到的都是男性。由於女人被認為是缺乏教育和魅力，

第八章　全盛雅典：黃金時代的榮耀與光芒

男人就在外面放蕩成性。他們想到，如果讓妻子和女兒也自由活動，那將是一件混亂而危險的事，所以索性用妻子的隱居來換自己的自由。

在荷馬時代，女性雖然沒有英雄領袖們威嚴英勇的榮耀，但同樣扮演著重要角色。她們是英雄背後忠貞智慧的妻子，是善良正義的人性之化身，又或許傾國傾城以至於引發邦際大戰。有多少抒情詩曾經歌頌過關於她們的動人佳話。

但是到了黃金時代，女性從社會上消失了，雅典燦爛的文明似乎沒有為她們留出一點位置，詩歌、戲劇中總是老調重彈地挑剔女人。修昔底德的話大概可以反映當時雅典公民的一致想法：端莊女人的名字，像她的人一樣，應該關在家裡。

婦女持家並非希臘傳統，而是亞洲傳統的一部分。這一項傳統很可能是先由近東傳入愛奧尼亞，再由愛奧尼亞傳入雅典。同時，雅典的財富逐日增加，濃厚的商業觀也促使男人以實用性來衡量女人的價值。他們發現自己的妻子特別適合待在家裡，於是把雅典婦女培養成深居簡出的賢妻典型。雅典男人娶一個妻子，首先不是擁有甜蜜的愛情，而是得到一個僕人管家。一個女孩從成為新娘的那天起，就等於被關在丈夫的房子裡。她沒有權利和別人簽訂契約，也不能向別人借東西或金錢，除非是極小的數目。

就連古希臘賢人梭倫也立法規定，凡是有女人干涉的事情，都不受法律保護。所以，即使她們受了委屈，也無處伸張。如

婦女解放運動

果雅典女子的丈夫去世了,她就成為孑然一身、無依無靠的寡婦,因為她不能繼承丈夫的遺產。原始社會之所以形成母系氏族,是因為人們崇拜生殖,將繁衍後代的能力都歸功於女性。但古希臘人恰恰相反,他們認為女性不過是懷胎養育子女的工具。

很多希臘男子決定結婚時已經接近而立之年了,可是他們選的妻子絕不會超過15歲。他們認為自己的青春是持久的,而女人的青春將很快消失。另外,年長的丈夫也更容易讓妻子服從於他,以便塑造她的思想,讓她徹底地為自己服務。

假使女人們非走出家門不可,例如要去探望親人、參加宗教或節日活動,那也必須戴起面紗,由丈夫陪著(不如說看管)。除此之外,她們把一生的時光都耗在房間中,沒有允許她們展示美麗的空間,她們也沒有太多美麗可以展示。如果有客人來拜訪她們的丈夫,她們要小心躲避,絕不露面。

女人唯一的權利就是對僕人的監管,也就是說她們的地位僅在奴隸之上。她們所受的教育包含各方面家務,如廚藝、紡織、縫補等,所以能帶領僕役把家庭維持得井井有條。但這也是她們所受的全部教育和全部生活了。雖然雅典女人比斯巴達女人更莊重可愛,但仍然不成熟,不能分享男人們心智思想方面的收穫和喜樂。

不過,就在黃金時代的末期,婦女解放運動興起了。悲劇作家尤里比底斯是這場運動的重要人物,他以作品為陣地,用大膽的言辭為婦女主持正義。他雖然遭到阿里斯托芬粗鄙的嘲

第八章　全盛雅典：黃金時代的榮耀與光芒

諷，但的確為雅典婦女帶來了啟發。她們逐漸放下手中忙碌的家務，穿上亮麗的衣服，用多樣的化妝品打扮自己。

女性的魅力由外而內地豐富起來。她們不僅漂亮可人，或有豐厚的嫁妝，還學會了說生動犀利的語言，肯與丈夫同甘共苦，因而終於贏得了真摯的愛情。

第九章
腓力二世：征服之路上的雄心壯志

第九章　腓力二世：征服之路上的雄心壯志

腓力二世

　　腓力王子是阿明塔斯三世（Amyntas III）和伊利里亞妻子歐律狄刻（Eurydice）最小的兒子。在歐律狄刻的溫柔呵護下，小腓力無憂無慮地成長，跟著母親學習讀書認字。但美好的童年時光很快隨著馬其頓局勢的變化而終止了。年少的腓力成了混亂政權的受害者，在底比斯當了三年的人質。

　　但他的流亡並非完全無益。腓力來到底比斯時，底比斯剛剛贏得留克特拉會戰的勝利，成為古希臘最強大的城邦，他正好趕上了底比斯的黃金時期。腓力跟隨底比斯名將伊巴密濃達（Epaminondas）和派洛皮德（Pelopidas），學習軍事戰術和政治方略。少年時的腓力矯健而英俊，曾摘得奧運會戰車比賽的桂冠。他意志堅定，睿智精明，以旁觀者的視角冷靜地觀察古希臘與波斯之間的鬥爭，對時局有著清醒的理解。雖為人質，但腓力在底比斯的收穫對他日後的發展具有不可估量的重要性。

　　西元前367年，腓力回到馬其頓時，恰好國內又是一片混亂，為腓力提供了意想不到的機遇。馬其頓每一位國王的統治期都很短暫，腓力的哥哥佩爾狄卡斯三世（Perdiccas III）不久也在一次戰役中犧牲。國君之死必然引起國家危機，這時急需一位勇武果斷的統治者主持大局。這個重任非腓力莫屬，他是王室唯一倖存的成年人了。腓力先是以王叔的身分輔佐姪子阿明塔斯（Amyntas IV），迅速控制了馬其頓政府。西元前357年，

腓力廢黜幼主，登上王位，史稱「腓力二世」（Philip II）。

　　腓力二世上臺後接管的是四面楚歌的馬其頓王國，正面臨敵對勢力的強大威脅。色雷斯人支持與腓力二世同父異母的兄弟們與他爭奪王位；雅典人也希望奪回在安菲波利斯失去的殖民地，於是支持覬覦馬其頓王位的阿吉烏斯（Argaeus II）。不過，腓力二世只花了兩年就平定了國內局勢。他憑藉精明的外交手段，成功說服了色雷斯和雅典放棄支持奪權者，然後集中精力挫敗了佩奧尼亞人和伊利里亞人，重新控制馬其頓西部和西北部。

　　在接下來的十年中，周邊所有形勢都對馬其頓有利。先是伊庇魯斯與馬其頓結為同盟，西部得以穩定。於是腓力二世將注意力向東轉移，以迅雷不及掩耳之勢奪取了塞爾瑪灣沿岸及色雷斯地區的希臘城邦。他還在那裡獲得了豐富的金礦、銀礦，大大擴充國家的財力。

　　在腓力二世的統領下，馬其頓王國很快地擺脫了外族的侵擾。自從西元前6世紀以來，馬其頓還從未享受過這般自由與自信。腓力二世解除國家軍事後患的同時，也著手進行了一場大刀闊斧的改革。

　　在政權方面，他將國內散落的部族團結起來，使馬其頓成為一個牢不可破的整體。全部財政大權都集中在他一人手中，王權加強，貴族議會和公民大會的權力減弱。

　　軍事上，他建立了一支忠實的皇家護衛隊。哥哥的潰敗導致國內許多貴族喪生，腓力二世藉此機會重新招募組隊，成員

第九章　腓力二世：征服之路上的雄心壯志

包括一些來馬其頓尋找財富的不同民族，其中也有希臘人。老貴族成員可以擔任軍隊指揮，也就是皇家侍從官。他還效法伊巴密濃達的戰術，建立著名的馬其頓方陣，這意味著傳統的希臘重裝步兵不再是戰場主角。同時，海上力量也進一步加強。

當時，波斯使用金幣，希臘使用銀幣，腓力二世則採用金銀雙本位制。他將自己獲得的財富和土地慷慨地贈予他的追隨者。在下馬其頓地區，他將沼澤裡的水排乾，使這一地區得以利用，更重要的是能與周圍的殖民地互相串聯。

腓力二世擁有了以往馬其頓國王從未得到的東西，他的政策在國內外有著廣大而忠誠的支持者。然而，他的奮鬥沒有止步，他更大的目標在希臘。

腓力二世將800名貴族組成騎兵。戰爭中，他們騎上馬其頓或色雷斯戰馬，以密集隊形作戰，隨著不同的指令，可以即刻改變戰術，並且行動整齊劃一。腓力二世將一些平民和農夫組成步兵方陣：16列士兵各自將長矛舉過前列士兵的頭部，或直接放在他們肩上。前5列士兵的矛突出於方陣之外，特別是前3列的矛比希臘士兵的標槍還長。戰鬥中，他們先投出長矛，再用短劍作戰，每一個士兵都裝備了盔甲和輕型盾牌。方陣之後是弓箭手，他們將箭射過矛兵的頭部，直指敵軍。再後面是攻城部隊，他們攜帶著投石器和破城槌，朝著目標洶湧而上。腓力二世精心訓練出這支強而有力的軍隊，具備無堅不摧的力量，戰鬥力堪稱歐洲之最。

馬其頓帝國

　　馬其頓的地理位置決定了它長久的動盪不安。它南接色薩利，東部緊鄰色雷斯和卡爾西迪斯同盟，北有佩奧尼亞，西有伊利里亞和伊庇魯斯。處在這樣的環境之中，馬其頓只有奮起抵禦外敵侵入。馬其頓歷任國王還要防備各地的世襲君主，牢牢守護自己的王權。馬其頓國王佩爾狄卡斯曾說，這片土地必將在太陽的照耀下成為他的王國。

　　馬其頓由兩塊截然不同的土地組成。在北部的上馬其頓，兩條大河向南蜿蜒流去，大地上只剩下高低不平的丘陵和綿延不絕的山脈，呈現出一個馬蹄形區域。在南部的下馬其頓，兩條河流將這裡沖刷成廣袤肥沃的平原，面朝愛琴海，形成馬其頓王國的腹地，這裡集中居住著大量農業人口。在群山聳立的邊遠鄉村，蓊鬱的樹林成片生長，豐富的礦藏比比皆是。馬其頓人謹慎地守衛著自己的家園。

　　從西元前 3,000 年起，居住在多瑙河下游和巴爾幹半島的古希臘人開始向希臘半島北部遷徙。他們分批南下，一部分多利安人留在希臘半島北部。隨著民族的發展融合，這裡的多利安人與伊利里亞人、色雷斯人彼此通婚，形成了馬其頓民族。不過，無論是馬其頓人自己還是希臘人，都不認為馬其頓人是希臘人。大多數希臘人都聽不懂馬其頓的官方語言，他們習慣把不會說希臘語的人統稱為「蠻族」。誰能想到這麼偏遠的民族竟

第九章　腓力二世：征服之路上的雄心壯志

會成為希臘世界的主宰呢？

上、下馬其頓最初是兩個部落，西元前 6 世紀，馬其頓才完成統一，實行和希臘半島截然不同的君主專制。兩個地區的風俗習慣差異很大，甚至語言和宗教也不相容，他們仍然彼此排擠。

當波斯王大流士一世（Darius I）計劃征服希臘時，馬其頓首當其衝受到攻擊。當時的國王阿明塔斯一世（Amyntas I）立即呈獻貢品，表示臣服於波斯的統治。於是馬其頓避免了一場血光之災，成為波斯的藩屬，波斯帝國的十個納稅區之一。當薛西斯進攻希臘時，馬其頓協助了波斯大軍，這讓希臘人更加厭惡並排斥這個野蠻民族。

為了消除希臘城邦對自己的仇視，馬其頓統治階級宣稱自己是阿爾戈斯人的後代。阿爾戈斯是多利安人的一支，這也就說明馬其頓間接地把自己歸為希臘人了。他們還解釋說，向波斯妥協只是為了保全百姓所做的權宜之計。當波斯在希臘戰場上灰頭土臉地慘敗時，馬其頓即時調整了方向，試圖緊跟崛起的雅典和斯巴達。當時的國王佩爾狄卡斯常在雅典和斯巴達之間猶疑不決，先後加入過兩方的不同聯盟。儘管馬其頓希望藉助盟主的勢力振興自己，但並不願接受任何外來勢力的統治。

阿克勞斯一世（Archelaus I）登上王位後，將馬其頓都城從內地遷往沿海，進一步加強了與希臘城邦的往來關係。阿克勞斯注重文治，他從古希臘邀請來很多藝術家、詩人、哲學家，

著名的悲劇作家尤里比底斯就是阿克勞斯的座上賓。像伯里克利對雅典進行改造一般，阿克勞斯大力修整首都培拉城，築起華麗宮殿，拓寬交通要道；模仿希臘軍隊的形式，改編了部隊的形制。他還仿造奧林匹亞的宙斯節，設立了馬其頓版的奧林匹克運動會。馬其頓國在這一時期沐浴了文明的光輝，馬其頓王室逐漸成為國家的文化中心和社會生活中心。但是沒過多久，偉大的國王阿克勞斯就死於一場暗殺。

此後，馬其頓王國又開始了動盪不安的日子，國王不斷更換。底比斯在阿明塔斯三世去世之後干涉了馬其頓內政，阿明塔斯三世的長子佩爾狄卡斯三世被扶上王位，次子腓力作為人質被帶到底比斯。

所謂塞翁失馬，焉知非福，命運看似關上了一扇門，實則又打開了一扇窗。人們沒有想到，作為人質的腓力將來有一天會帶著王者之風重返故國，正如同人們也沒有想到小小的馬其頓即將收拾好希臘內戰的殘局。

公元前 408 年，孤獨落寞的雅典悲劇作家尤里比底斯受邀作客馬其頓。這位 72 歲高齡的老人受到國王阿克勞斯誠摯的接待和保護，終於找到了生命最後的寧靜與安慰。在培拉期間，他寫下一部現已失傳的《阿克勞斯》(*Archelaus*)，歌頌東道主所謂的阿爾戈斯傳統。另一部名為《酒神的女信徒》(*The Bacchae*) 的劇作，意在喚起酒神令人恐懼的權力——酒神在馬其頓家庭尤其受到崇拜，由飲酒過度而發生的悲劇事件時有發

第九章　腓力二世：征服之路上的雄心壯志

生。在馬其頓舒適地生活了十八個月後，尤里比底斯便長眠於此處了。

腓力二世的領土擴張

腓力二世早就盯上了希臘這塊肥肉，但是，他行事謹慎，為了讓局勢變得對自己更有利，他有意掩蓋自己吞併希臘的野心，避免成為眾矢之的。在鞏固統治的十年裡，腓力二世為自己的擴張之路做好了準備。他先是透過談判和賄賂拉攏了色雷斯；打敗伊利里亞之後，為了讓希臘城邦不起疑心，他還向雅典等城邦示好。藉著這個時機，馬其頓得到了充足的累積、沉澱。

作為雅典的殖民地，安菲波利斯一直是馬其頓和雅典之間衝突的焦點。伯羅奔尼撒戰爭中，馬其頓曾幫助斯巴達打下安菲波利斯城，到了佩爾狄卡斯三世時又聯合雅典收復了安菲波利斯，不久又撕毀了與雅典的協議，將安菲波利斯據為己有。腓力二世登上王位後，為了穩固統治，平定周邊的敵對勢力，他用安菲波利斯換取了雅典人的支持。這只是個假象，和他的哥哥一樣，腓力二世也食言了，公元前357年，腓力二世出兵占領了安菲波利斯。

雅典徹底醒悟，終於看穿了馬其頓的偽善。雅典人正準備出兵奪回安菲波利斯，它的盟邦卻挑起了反對雅典的「同盟戰

爭」。與馬其頓相比，同盟國的反叛才是燃眉之急。雅典扔下馬其頓，卻在大戰中傷痕累累。

瀕臨崩潰的希臘世界似乎正等待一位收拾殘局的統帥，腓力二世也敏銳地察覺到了這一個可乘之機。位於希臘中部的弗西斯占領了德爾菲神廟附近的地區，德爾菲向底比斯尋求保護，底比斯對侵略者弗西斯處以重罰。這激怒了弗西斯人，他們不但沒有繳納罰金，反而變本加厲地洗劫了德爾菲神廟。他們募集了一批僱傭軍準備攻擊底比斯，並得到雅典和斯巴達的兵力支持。

戰爭爆發了。西元前355年的這場混戰再次席捲希臘眾多城邦，被稱為「神聖戰爭」。弗西斯在眾城邦的支持下打敗了底比斯，又向北部的帖撒利出發。

帖撒利見勢不妙，急忙向正在海上作戰的腓力二世求援。腓力二世占領了雅典的盟邦邁弗納，在戰鬥中他失去了一隻右眼。收到帖撒利的求助後，他率軍來到帖撒利，趕走了弗西斯，但帖撒利所面臨的侵略者只不過由弗西斯換成了馬其頓而已。馬其頓把這裡當作第一站，繼而大規模征伐周圍鄰邦，幾乎將溫泉關以北的希臘地區全部歸入其勢力範圍。身為要塞的溫泉關再次攸關希臘的存亡。

雅典試圖聯合斯巴達共同抵抗馬其頓，但斯巴達不予理睬。在求和派的推動下，雅典與馬其頓簽訂了停戰和約。應底比斯和帖撒利之邀，腓力二世透過溫泉關，直入弗西斯，使弗西斯徹

第九章　腓力二世：征服之路上的雄心壯志

底臣服。西元前346年，神聖戰爭終於結束，腓力二世以支援者的名義贏得了「德爾菲神廟捍衛者」的崇高榮譽。馬其頓成為這附近同盟中的重要一員，正式加入希臘世界，只要它願意，便可以隨時隨地干預希臘事務。雅典當然感到不滿，但是它並非馬其頓的對手，只好順應多數城邦的歡迎之勢。

贏得希臘的擁護後，腓力二世放心地攻占赫勒斯滂海峽的沿海城市，此舉再次危及希臘的經濟利益。如果這些城市落入馬其頓手中，雅典就相當於被切斷了海上貿易通道。雅典不再容忍，撕毀和約，立即派兵前往赫勒斯滂海峽，在拜占庭海域成功擊敗了馬其頓。往日的輝煌重新降臨，雅典躊躇滿志，準備重整江山，將馬其頓趕出希臘。

但雅典的希望很快變成了絕望。當腓力二世攻占弗西斯的消息傳到雅典時，只有狄摩西尼（Demosthenes）一人有勇氣提議抗戰。他動員全希臘聯盟反擊馬其頓，卻成效甚微，只有科林斯、麥加拉和邁錫尼以及伯羅奔尼撒部分地區考慮了他的呼籲。斯巴達仍然對底比斯耿耿於懷，一直持冷漠態度，到最後一刻仍然拒絕援助希臘同胞。雅典人也因未能及時應對馬其頓日益強大的威脅而備受指責。

西元前338年一個夏天的夜晚，一場決定希臘命運的決戰展開了。在彼俄提亞爆發的凱羅尼亞戰爭中，只有雅典、底比斯、彼俄提亞聯盟的僱傭兵以及伯羅奔尼撒的幾個兵團迎戰腓力二世。馬其頓毫不示弱，出動了極具殺傷力的步兵方陣，腓

力二世與其子亞歷山大（Alexander）一右一左，親自指揮。希臘聯軍已經失去了昔日的光輝，在馬其頓騎兵方陣的猛烈攻擊下，希臘全軍敗退。

希臘世界的主要力量已被馬其頓征服。對剩下的城邦，腓力二世軟硬兼施，逐漸使全希臘降服。

西元前337年，腓力二世在科林斯召開了全希臘會議，與中國春秋戰國時期的會盟十分類似，而霸主自然是馬其頓。腓力二世建議希臘各邦停止內戰，共同支持馬其頓，其目的在於建立以腓力二世為統帥的聯軍，「向波斯復仇」。

不幸的是，當腓力二世為遠征波斯全力以赴時，卻突然遭到暗殺。希臘人認為這是難得的反抗機會，可是他們都小看了馬其頓新上任的年輕國王。

西元前336年夏天，腓力二世為女兒舉辦盛大的婚禮。他身著白袍，在眾賓客的簇擁下走向禮堂。就在腓力二世即將邁入禮堂大門的時刻，人群中忽然衝出一個士兵打扮的年輕人。他手持一把短劍，迅速刺入腓力二世的胸膛，腓力二世當場倒下。現場一片混亂。凶手跳上馬企圖乘機逃跑，不料馬腿被野藤絆住，他摔了下來，被當場殺死。

刺殺事件的幕後黑手一直是個謎團。有人說是因改革而被波及利益的貴族，有人說是抵抗君主制的希臘人，也有人認為暗殺是腓力二世的前妻出於嫉妒所為，還有人認為是亞歷山大為爭奪王位而一手策劃。

第九章　腓力二世：征服之路上的雄心壯志

偉大哲學家，柏拉圖與蘇格拉底

像孔子一樣，蘇格拉底有很多弟子，他用交談和提問的方式與弟子們交流，用自己的言行教給他們人生與世界的哲學。有一天，蘇格拉底對弟子們提了一個要求，要他們把手臂往前甩，再收回來，每天做300次，問他們能否做到。學生們偷笑，大言不慚道「這有何難」。一個月過後，蘇格拉底問有誰堅持繼續做下去，有90%的學生舉起手。兩個月後，再問，有80%。一年之後，蘇格拉底又一次嚴肅地問了這個問題，就在大家帶著羞愧面面相覷時，一隻手舉了起來，舉手的這個人就是柏拉圖（Plato）。他是希臘哲學三賢之中承先啟後的關鍵人物。

柏拉圖出生在雅典一個古老而顯赫的家族，母親的家族可以追溯到梭倫，父親的家譜甚至可以上溯到雅典早期的國王。柏拉圖原名叫阿里斯托克勒斯（Aristocles），意為「最優秀、最著名的」。的確，他在各個方面都表現出非凡的天才，數學、哲學、修辭學、詩歌、音樂無不精通；他玉樹臨風，迷倒了一大批男男女女；他體格魁梧，還參加過摔跤比賽，所以體育老師為他取了一個綽號叫「柏拉圖」，就是「大塊頭」的意思。

尤里比底斯本來想當哲學家，結果成了劇作家，而柏拉圖則相反。柏拉圖擅長情詩，還寫過一部四幕悲劇，但他不知道自己該從文還是從政。幸運的是，柏拉圖遇到了蘇格拉底。蘇格拉底其實是柏拉圖舅舅的好朋友，雖然早就相識，但直到柏

拉圖 20 歲時，他才親身感受到蘇格拉底的思想魅力。當他看到蘇格拉底把觀念演繹得行雲流水，柏拉圖像著了魔似地拋棄了詩歌和戲劇，不再執著於體育和女人，開始心無旁騖地追隨這位老者。柏拉圖在蘇格拉底身邊聆聽他的教誨，專心記錄、思辨、筆記，逐漸成長為富有思辨性和創造性的哲學青年。

然而，幾年之後，雅典社會發生了一系列災難事件──寡頭政治的恐怖、克里提亞斯的死亡、民主政治的恢復，其中帶給柏拉圖最深刻影響的則是恩師蘇格拉底的死。西元前399年，柏拉圖在法庭上親歷了恩師蘇格拉底的審判。一個月之後，他追隨的哲人飲鴆而死。蘇格拉底的死亡帶給柏拉圖深深的震撼，周圍發生的一切也讓柏拉圖感到前所未有的恐懼，好像雅典的末日就要來臨了。他帶著疑惑和驚恐離開了雅典。

柏拉圖去了國外很多地方，和當地的知識分子生活在一起。後來在埃及，他又跟隨教士們學習歷史和數學。回到雅典後，社會局勢依然動蕩，柏拉圖再度流浪。來到敘拉古時，他不幸被賣為奴隸，幸好朋友們募捐了一大筆錢把他贖回來。不過，奴隸主並沒有收下這筆錢。柏拉圖用這筆錢在郊外買下了一塊用來休息的園林，並以當地的地方神將其命名為「阿卡蒂姆斯」。柏拉圖在這裡建立了一座學園，成為此後九百年全希臘的知識中心。「阿卡蒂姆斯（Academus）」就是英語「學院」一詞的來歷。

柏拉圖的學園以宗教為核心，尤其崇敬文藝女神繆斯（Mus-

第九章　腓力二世：征服之路上的雄心壯志

es）。在這裡學習的學生都不交學費，但是他們富裕的家長要對這個機構有所捐贈。當時雅典人對知識的重視令人尊敬，許多富人都在遺囑中表示要把一部分遺產捐給柏拉圖學園，幫助那裡的人們安心做學問。

學園的特色還在於它打破了希臘對女性受教育的限制，男、女學生兼收。他們在這裡主要學習數學和哲學，機敏靈活的邏輯思考成為入學的必要標準，就像學校大門上所寫的：不懂幾何者勿進。當時有所成就的數學家大多數曾經是這裡的學子。

演講在那個時代尤其重要，無論是從政還是講學，演講都是展示個人魅力、傳達思想的有效途徑。在學園授課時，演講大多重視理論基礎，講究功利實用的學生時常對演講感到失望，但卻深刻影響了很多後來的哲學家。他們為了捕捉出口即逝的精闢語句，隨聽隨記，還將筆記複製傳閱，以便深入領會其中的精髓。

第十章
戰爭餘波中的掙扎

第十章　戰爭餘波中的掙扎

以土地換取和平

對於曾經加入提洛同盟的城邦，斯巴達曾許諾給他們自由，但是一向誠懇樸實的斯巴達人卻失信了。斯巴達要求每一個城邦每年進貢 1,000 塔蘭特，也就是現在的 600 萬美元。像雅典的三十僭主政治一樣，各地區都有斯巴達扶植的貴族政權，並由一位斯巴達總督帶領一支警衛隊負責監管，對戰敗國大肆掠奪，橫徵暴斂。

西元前 431 年，斯巴達曾在向雅典宣戰的動員大會上說，要解放全希臘。當漫長而痛苦的二十七年戰爭過去之後，斯巴達稱霸希臘世界，當年的征伐口號真是一個巨大的諷刺。不久之後，斯巴達便成為歷史上驕兵必敗的悲劇案例。

進貢的錢財和搜刮的贓款從希臘各地源源不斷地流入斯巴達，改變了斯巴達以往崇尚簡樸的生活作風。統治階層很快地適應了他們的新地位，開始過著樸實其表、奢華其內的日子，來古格士保留了幾百年的法律也被他們拋到一邊。

當時，大面積土地被當作嫁妝，最終歸於女人手中，而斯巴達的全民軍事制度讓女人在大部分時間都過得舒適自如，斯巴達的道德風化也遠遠不如從前。由於土地一再被分割，許多百姓的土地越來越少，以至於交不起公共食堂的糧食而被剝奪公民權。大量財產集中在少數斯巴達人手裡，民眾對制度的不滿越積越多。

當斯巴達面臨國內和外邦的雙重對立時，波斯的內戰不知不覺影響了希臘世界。西元前401年，居魯士背叛了他的哥哥阿爾塔薛西斯二世（Artaxerxes II），在斯巴達的支援下，召集了一支軍隊欲兵變篡權。兩兄弟在兩河流域展開大戰，居魯士兵敗被殺，而他的殘餘部隊在波斯王的追擊下，一面抵抗、一面奔逃，一直抵達黑海才算到了安全地帶。他們的英勇行為傳遍希臘和後世。後來的馬其頓國王腓力二世（Philip II）由此深信，只要希臘部隊足夠精銳，就能打敗龐大的波斯。亞歷山大也是依循這條道路而實現了自己的帝國偉業。

居魯士兵敗後，他手下的1.2萬希臘人逃亡至巴比倫內地。為了應對波斯的追擊，他們選出三名將軍帶領部隊，其中一名就是色諾芬（Xenophon），他有幸經歷了人類歷史上罕見的一次大冒險。這支希臘隊伍的勇氣永無止境，他們上溯底格里斯河，穿越庫爾德斯坦和亞美尼亞山區，最終撤退到黑海。他們日復一日應對敵人的追殺，歷經5個月，用腳步丈量了3,200多公里的敵境。看到黑海時，部隊只剩下8,600人。色諾芬後來將這次歷險寫成一部歷史著作，名為《長征記》（*Anabasis*），既為他贏得了軍事家的名聲，也奠定了他的文學地位。

斯巴達國王阿格西勞斯（Agesilaus II）大概是最先受到啟發的人，他剛上任就率領一小支部隊前往希臘在亞洲的土地，又打著解放的旗號，向那裡的統治者波斯總督發起挑戰。他輕而易舉取得了勝利，阿爾塔薛西斯二世不得不對他重視起來。波

第十章　戰爭餘波中的掙扎

斯用大量黃金賄賂雅典和底比斯向斯巴達宣戰。

經過了九年的和平，雅典與斯巴達再次在戰場上相遇。阿格西勞斯還沉浸在亞洲戰場的勝利喜悅中，便被召回應對雅典和底比斯聯軍。在克羅地亞，斯巴達勉強抵擋了聯軍的攻擊。但很快地，以科農（Conon）為統帥的雅典與波斯聯合艦隊一舉擊敗了斯巴達海軍。雅典彷彿又找回了當年的自信，在波斯的援助下，重修「長城」，並籌劃擴充軍備。

但就在這時，一貫強硬殘暴的希臘霸主向波斯求和了。為了保全自己，斯巴達把希臘在亞洲的土地作為交換條件送給波斯，請波斯維繫希臘世界的和平局面。阿爾塔薛西斯二世欣然同意，不再援助雅典和底比斯。西元前 387 年，波斯迫使各方在薩迪斯簽訂了《國王和約》（*Peace of Antalcidas*），希臘所有主要城市都享有自治權，但是希臘在亞洲的土地以及賽普勒斯都歸於波斯國王的掌控。

雅典雖然不滿，但也勉強簽了字。斯巴達出賣亞洲城邦成了古希臘歷史上最丟臉的事，波希戰爭中無數英雄用鮮血和生命換來的榮譽就這樣被徹底抹殺。希臘大陸名義上各自獨立，可是實際上都處於波斯的控制之下。每一個希臘城邦都將斯巴達視為叛徒。

斯巴達霸權終結

在雅典和斯巴達爭霸的時候，底比斯還只是一個在經濟上較為發達的大邦。底比斯原本是伯羅奔尼撒同盟的一員，悄無聲息地在幕後發展。《國王和約》簽訂後，斯巴達徹底演出叛徒的角色，繼而轉變為《國王和約》的執行者，仗著波斯撐腰，在希臘世界為所欲為。斯巴達似乎故意要惹火上身，希臘其他各邦對此憤憤不平，期待能有一個國家站出來消滅斯巴達。這時，底比斯出場了。

斯巴達打敗雅典之後，急於擴張霸權而忽視了對伯羅奔尼撒同盟的控制。底比斯抓住機會，暗中崛起，成功控制了希臘半島中部的彼俄提亞地區，建立了彼俄提亞聯盟。有了波斯的資金支持，底比斯集中發展軍事力量。

之後，斯巴達靠著喪權辱國的外交手段再次威脅底比斯。為了維護自己在希臘的霸權，斯巴達一心削弱逐漸壯大的底比斯。斯巴達以彼俄提亞聯盟違反《國王和約》的自治條款為由，強制解散聯盟，還在此地區的許多城邦建立寡頭政治。底比斯勇敢抗議，斯巴達便出兵占領了底比斯的城堡，並將民主人士趕到國外，建立其一貫的寡頭政治。然而斯巴達小看了底比斯這匹黑馬，遭到出乎意料且前所未有的頑強反抗。

派洛皮德（Pelopidas）是被流放的底比斯民主人士，他來到雅典，講述祖國在斯巴達統治下的悲慘處境，雅典人答應幫助

第十章　戰爭餘波中的掙扎

底比斯擺脫斯巴達的控制,重獲自由。推翻獨裁統治的時機到了!西元前 379 年,派洛皮德在雅典的支援下,率軍攻入底比斯,他的生死之交伊巴密濃達在城內安排人馬,配合他一同突襲。他們聯合殺死了四名獨裁者,將斯巴達警衛隊驅逐出境,重新建立了民主政權。在兩位密友的領導之下,底比斯的國力日益強盛。

戰爭的消耗在每一個國家都是相同的,各地區都想維護和平,集中精力累積財富。於是,斯巴達、雅典和底比斯在西元前 375 年簽署了「普遍和平」協議。然而,和以往一樣,所有的和平都是短暫的。

底比斯經歷了數年的起伏變化,比以往任何時候都要強大,表面上來看,其軍事實力幾乎超過了斯巴達。西元前 371 年,斯巴達召開全希臘會議。在會議上,斯巴達不允許底比斯代表整個彼俄提亞地區簽署和約,底比斯的代表伊巴密濃達與斯巴達人展開了爭辯。最後,伊巴密濃達拂袖而去,不給斯巴達留一點情面。在旁觀者眼裡,底比斯是自不量力,過於強硬,但伊巴密濃達並非等閒之輩,他早已做好了挑戰希臘霸主的準備。

伊巴密濃達其實是個沉默寡言的貴族,沒有人比他說得更少,也沒有人比他懂得更多。他生活簡樸,為人謙遜正直,有勇有謀,忠誠嚴謹,人們愛戴他勝過敬畏他。他本人並不喜歡戰爭,但是一個國家想要維護獨立自由,就必須在一定程度上保持尚武的精神。在伊巴密濃達的領導下,原本散漫無序的底比

斯巴達霸權終結

斯人集結成一支訓練有素的精銳部隊。派洛皮德則將許多關係親密的朋友編入三百人的「聖隊」，藉由這些人與摯友之間的情感牽絆，使他們變成一支異常團結而可靠的隊伍。他們將在戰鬥中彼此保護，誓死戰鬥。

底比斯和斯巴達的較量很快地展開。這場激戰發生在底比斯西南方的城市，因而被命名為「留克特拉會戰」。底比斯兩位密友率領六千士兵，迎戰斯巴達國王克里昂布魯圖斯一世（Cleombrotus I）帶領的一萬大軍。伊巴密濃達在這次會戰中創下了歷史性的紀錄，他是第一位講究戰術的希臘軍事家。他發現了古希臘重裝備步兵的弱勢：右翼士兵的一半身體沒有盾牌掩護。伊巴密濃達採用斜楔隊形，將主力士兵集中在左翼，去攻擊敵軍薄弱的右翼，擊潰右翼後，趁敵軍大亂，發起總攻擊。依靠這種創新戰術，底比斯巧妙地奪取勝利，將斯巴達聯軍打得落花流水，國王克里昂布魯圖斯一世也在戰鬥中陣亡。

伊巴密濃達的斜楔隊形啟發了後來的馬其頓方陣，他集中優良兵力的戰術也被列為世界軍事史上的一大貢獻。

斯巴達在留克特拉出乎意料地遭到重創，其在希臘世界的霸權終於結束了。次年，伊巴密濃達又率軍進入伯羅奔尼撒半島，斯巴達盟邦見勢不妙，立即紛紛退出伯羅奔尼撒同盟，曾在斯巴達鐵蹄之下飽受苦難的麥西尼亞也乘機宣告獨立。伯羅奔尼撒同盟徹底瓦解了，斯巴達再也沒有從挫敗中恢復元氣。

稱霸也許是每一個城邦在強大之後想做的第一件事，但也

第十章　戰爭餘波中的掙扎

通常由此導致衰落。這是底比斯第一次俯瞰整個希臘世界，和雅典、斯巴達一樣，得勢的底比斯也開始推行霸道極權。但彼俄提亞聯盟的成員早已厭倦專制，在抗議中離開了底比斯，只有麥西尼亞始終站在底比斯一方。底比斯覺得為了顯示自己的實力，有必要和雅典進行一場交戰。而斯巴達也希望恢復聲望，扳倒底比斯，於是和雅典聯合共同抗擊底比斯。

西元前362年，雙方在曼提尼亞交戰，幾乎所有古希臘城邦都受到牽連。伊巴密濃達帶領底比斯獲得勝利，自己卻被色諾芬的兒子殺死在戰場上。失去了偉大的領袖，底比斯很快便走向衰落，它第一次也是唯一一次的希臘霸權只維持了短短十年。

希臘的戰後混亂

當底比斯建立起彼俄提亞聯盟時，雅典決定與底比斯聯手防範斯巴達，於是也緊隨其後再次建立海上同盟，也就是第二次雅典同盟。雖然這次入盟的七十個城邦相較以往勢力大為減弱，但還是成功地壯大起來。前事不忘，後事之師。雅典人汲取教訓，在建立同盟之初就鄭重申明：所有盟邦都保持獨立和自治，根據自己的意願執政，不接受任何外界駐軍和行政官員，也絕不繳納貢賦；雅典僅僅是同盟中的普通一員，不會干涉任何城邦的內政。

希臘的戰後混亂

在雅典將軍卡布里亞斯（Chabrias）的指揮下，第二次雅典同盟在納克索斯大敗斯巴達，取得了一次至關重要的勝利。雅典重修了城牆，財政和貿易恢復暢通，又逐漸奪回了愛琴海地區的商業霸權。眾多城邦再次團結，雅典重新成為東地中海區域最強大的勢力。得勢之後，雅典很快便忘記了之前慘敗的教訓，企圖再次統一全希臘。

同盟建立時所訂定的和約雖然宣告雅典與其他盟邦一律平等，但雅典還是暗中做了手腳。同盟的政策主要由雅典公民大會和同盟最高審議會決策，所有議案均須得到兩大機構的一致批准。在同盟會議中，每一個城邦只能派一名代表參加，所以雅典有機會威脅較小的城邦，讓自己的提議獲得更多支持。在財政方面，雖然取消名義上的「保護費」或貢賦，但雅典藉口為同盟運轉提供資金保障，強制徵收「同盟稅」。這種文字遊戲愚弄不了任何人。「同盟稅」雖然比曾經的貢賦較寬鬆，不過許多城邦仍拖延稅款，他們還是不滿雅典的貪婪和野心。

斯巴達敗於留克特拉之後，雅典覺得應該輪到自己擴張了，於是相繼征服了薩摩斯、色雷斯半島、皮特那等位於馬其頓及色雷斯海岸的城市，並派雅典人前去殖民。

同盟成員見到雅典舊戲重演，紛紛起義。雅典一度派出所有優秀的將軍鎮壓同盟起義，但無果而歸。許多城邦相繼退出了同盟，雅典的威脅和處罰對反抗者來說毫無效果。

雅典不得不在西元前 355 年又簽訂一項和約，承認各邦獨

第十章　戰爭餘波中的掙扎

立，這也是迫於憤怒的波斯王阿爾塔薛西斯三世的威脅。最後，雅典不得不面對比過往的底比斯更嚴峻的眾叛親離局面，真是得道者多助，失道者寡助。

從表面上來看，雅典對財富和權力的欲望毀滅了第二次雅典同盟。但這其中或許有更微妙而不可控制的因素，就像一個人的成敗並非僅僅取決於他的個性和自制力，有時其發展階段也局限或引導著事態的發展。

有學者認為，思想形式會影響其所依託的文明。在一個民族文明的早期，人類幾乎不會特別注重思考，通常認為行動才是最重要的，進而毫無顧忌地互相爭鬥。等到文明逐漸成形，各種習俗、規範、道德、法律開始壓制衝動的天性，自我意識逐漸深入，行動則逐漸讓步於思想。由殘忍到同情，由崇拜到懷疑，由表現欲到內斂性，人類原始共同的特質逐漸削減，戰鬥的意志也在思辨中逐漸消磨。

所以，也許雅典的再度衰落是文明發展的必然。此時的希臘一片蕭索散亂，經過多年混戰，所有城邦幾乎都耗盡了元氣，沒有誰能再讓希臘重振雄風了。

當整個希臘混亂到極點的時候，位於西西里島上的敘拉古成為希臘城邦中最富有、最強大的邦國之一。狄奧尼修斯一世（Dionysius I）是當時最有力的統治者，也最陰險多謀、自負虛榮。他在敘拉古建立起僭主政治，在這一個時期稱霸西西里島東部，足以與地中海大國迦太基抗衡。

第十一章
亞歷山大大帝的野望

第十一章　亞歷山大大帝的野望

民族文化融合

　　在西元前 5 世紀到西元前 4 世紀的埃及歷史上，寫滿了埃及人的一次次起義和波斯的一次次鎮壓。埃及人從來沒有真正服從波斯，他們恨透了波斯的壓迫統治，焦慮不安，日夜盼望自由的來臨。馬扎亞斯（Mazaeus）是埃及的最後一位波斯總督。他雖然代表波斯管理埃及，但不得民心，受到孤立，眼見波斯敗於馬其頓鐵蹄之下，也無法指望大流士三世的援助。

　　伊蘇斯戰役得勝後，亞歷山大（Alexander）再次放棄追擊，南下攻擊腓尼基人的沿海城市。他的威望使大馬士革和西頓和平歸順，沒有花費一兵一卒。但並不是所有的城市都願意求和妥協，在推羅，亞歷山大遇到了頑強的抵抗。推羅人依仗著島國的防禦工事，拒絕讓亞歷山大進城祭祀赫拉克利特（Heraclitus）。亞歷山大圍困推羅足足 7 個月，才將其攻陷。推羅遭遇與底比斯一樣的下場：8,000 名居民被屠殺，1.2 萬人被販賣為奴；而乖乖投降的耶路撒冷就得到了較好的待遇；加沙總督奮戰到最後，至死忠於大流士，也一樣未能逃出亞歷山大的股掌。

　　亞歷山大掃清了征服亞洲的一系列障礙，波斯的海軍基地和腓尼基艦隊一同掌握在他的手中。當他來到古老的國度埃及，波斯總督認清形勢，立即投降。人們打開城門，熱烈歡迎亞歷山大的到來。亞歷山大對文明十分仰慕，他對埃及百姓的熱情喜出望外，很願意採取懷柔政策。

民族文化融合

為了進一步贏得埃及人的擁護，亞歷山大對埃及神祇表現出戰略性的崇敬，因為在這裡，宗教的力量遠遠大於政治的力量。亞歷山大在名城孟費茲慶祝自己的勝利，並舉行希臘式競技賽，祭拜宙斯。在埃及，聖牛阿比斯（Apis）是孟費茲諸神和其他埃及神祇在人世的化身，亞歷山大當眾對聖牛表示敬意，取得人們的信任和好感。

隨後，亞歷山大越過沙漠來到西瓦綠洲，這裡坐落著一座希臘人資助修建的阿蒙神廟。祭司們熱情款待亞歷山大，按照古代儀式加冕他為埃及法老。阿蒙（Amun）是埃及的最高神祇，亞歷山大被祭司尊稱為「神之子」。希臘人將阿蒙等同於宙斯，所以，亞歷山大就將自己視為「宙斯之子」，也呼應了他出生之前的種種不凡之兆。

在西瓦之行中，亞歷山大在尼羅河三角洲精心選址，決定建立一座新城。《荷馬史詩》中曾提到奧德修斯來過這裡，當然，這裡更是未來擴展埃及與希臘貿易往來的重要運輸港。這座城借其建立者之名被命名為亞歷山大里亞，後來成為全世界最繁華的城市之一。

在埃及留駐六個月之後，亞歷山大北上征服了波斯帝國。但他的遠征並沒有止步，馬其頓大軍一路向東，在中亞和高加索一帶與當地部落展開持久戰鬥，最終擊敗了巴克特里亞，亞歷山大迎娶了該國公主羅克珊（Roxana）。

西元前327年，亞歷山大懷著好奇心翻越喜馬拉雅山脈，

第十一章　亞歷山大大帝的野望

進入印度，但是隨他征戰多年的將士們已經不願再前進了。擊敗印度國王波羅斯王（Porus）之後，亞歷山大宣布向恆河進軍。儘管他發表了自認為激動人心的演說，但面對所有人的沉默，他不得不決定班師回朝。

一路上歷經千辛萬苦，亞歷山大大軍終於回到波斯都城蘇薩。為了促進各民族的融合，他舉行了一場盛大的集體婚禮。亞歷山大迎娶了大流士三世的女兒，他的將士也與亞洲女子成婚，一萬名與亞洲女子結婚的士兵都得到了亞歷山大賞賜的禮物。他還包容波斯人的風俗傳統，說服了心懷不滿的士兵，以維護馬其頓帝國各族的團結。

他建立起一個龐大的馬其頓帝國，將首都從佩拉轉移到巴比倫，並將治理權分別授予馬其頓人、希臘人和波斯人。亞歷山大不僅是一個征服者，他還創立了世界觀念。有軍事家說，在滿足於小國寡民的希臘地區，他是第一位具有世界思想的君主。他用行動改變了馬其頓人和希臘人對世界的理解。

西元前323年春天，亞歷山大回到首都巴比倫。他接見了前來祝賀的歐亞使團，並為自己制定了下一個征服目標——阿拉伯。他說阿拉伯人從來沒有向他表示過敬意。而且，他對這個世界還充滿了好奇和渴望，在印度期間，他曾派人沿著波斯人的足跡順印度河而下找到入海口，進入波斯灣，並繪製了沿海地圖。他還想去裏海探險，想知道那裡究竟是一個湖泊還是一片汪洋。制定這些計畫時，亞歷山大一定沒有料到自己將不

久於人世。

這一年6月，亞歷山大突然染上惡性瘧疾，連年征戰的緊張生活和體力衰竭讓他無力抵抗病魔的侵擾，不滿33歲的亞歷山大離開了他一手創造的世界。

亞歷山大

在希臘神話中，閃電是宙斯的象徵。西元前357年，腓力二世迎娶了馬其頓盟友摩洛西亞的公主奧林匹亞絲（Olympias）。新婚之夜，奧林匹亞絲夢見一道閃電擊在她身上，燃起大火，腓力二世後來則時常夢見妻子身上封印著一隻獅子。亞歷山大出生後，人們相信他就是宙斯之子。

亞歷山大自幼就顯示出不凡的天資。他精通各項運動，曾馴服一匹讓騎手都感到為難的烈馬，腓力二世對此大加讚賞，對小亞歷山大加倍愛護。亞歷山大13歲時，父親將希臘最淵博的學者亞里斯多德請到宮中，這位哲學家向亞歷山大灌輸了自己的思想和智慧，使亞歷山大對統一和征伐的熱愛變得更加莊嚴。

亞歷山大的思想受到亞里斯多德的影響，而又保持了自己的獨立性。亞里斯多德具有鮮明的種族優劣觀，認為希臘人是世界上最優秀的人種。他說，應該把希臘人當作朋友對待，把野蠻

第十一章　亞歷山大大帝的野望

人當作禽獸對待。而亞歷山大超越了他的老師，認為人應該不分種族，只需以善惡為標準。正因如此，亞歷山大雖然征伐了大片土地，但無論到哪裡都能得到大批民眾的支持。

奧林匹亞絲自稱是阿基里斯的後代，受到母親的影響，亞歷山大特別痴迷於《伊里亞德》。當他開始遠征，第一次渡過赫勒斯滂海峽時，他覺得自己在重走阿基里斯的道路，並且認為自己去征服小亞細亞是為了繼承祖先於特洛伊未竟的事業。無論戰爭打到何處，他都要隨身攜帶《伊里亞德》，而且是由老師亞里斯多德親自評注的版本。

他的靈魂中既有腓力二世旺盛的精力，也有奧林匹亞絲的粗野奔放。父親的野心與母親的野性融合成亞歷山大胸臆之中酣暢淋漓且無窮無盡的活力和熱情。亞歷山大從小就在父親的馬其頓步兵方陣的殺氣中長大，16歲便隨父親南征北戰，在凱洛尼亞戰役中擔任主力，年紀輕輕就展現出驚人的意志力和卓越的智慧。每當父親又征服了一個地區，亞歷山大不為之喜悅反而為之憂愁，他怕父親把所有的功績占盡，不留一點建功立業的機會給他。即使晚上睡覺時，亞歷山大也不和自己的劍分開，一定要把它壓在枕頭下面，似乎是象徵自己的軍事決心。

亞歷山大的性格之中也有多情溫柔的一面，人們都說他長了一雙能融化人的眼睛。他享受沉浸於藝術之中的喜悅，優美的詩篇、動人的樂章都能讓他忘我陶醉。少年時代，亞歷山大尤其喜歡彈奏豎琴，只是後來受到父親的嘲笑，他就再也不碰豎

琴了。再後來，為了堅定自己征服世界的信念，他只聽軍樂，其他曲子一律被他隔絕。

他其實是一個敏而好學的學生，有著強烈的求知欲，只是因為政務太多，不得不放棄深度思考的時間，因此他常常惋惜自己無法成為一名思想家。他曾對老師表達過這種遺憾，說他寧願在淵博的學識上取勝於人，而不是靠權力統治別人。然而，也許他注定就要以君王之勢威震世界。20歲登基後，他再也沒有閒暇接受教育，不得不全神貫注於戰爭與國政。他雖然能言善辯，但只要離開軍政話題，他就錯誤百出。

奧林匹亞絲的個性專橫獨斷又神祕，而且喜歡與蛇共眠，腓力二世深恐她帶壞亞歷山大，對她十分厭棄。然而實際上，亞歷山大和母親的關係十分密切，遠征期間，他常常寫信給母親，敘述見聞。傳說亞歷山大在埃及西瓦沙漠的阿蒙神殿親眼見過某種奇特的事，但他又絕口不提，只願意寫信告訴他母親一個人。信件後來遺失了，因此亞歷山大到底看到什麼，成為一個謎團。

無論如何，亞歷山大憑藉非凡的軍事天才和政治能力名留青史。雅典、斯巴達和底比斯數百年來夢寐以求之事──統一希臘半島，亞歷山大僅花了一年就漂亮地完成了。他因此又多了一支希臘聯軍，增加了他征服波斯的信心。

第十一章　亞歷山大大帝的野望

攻下底比斯城

　　隨著腓力二世的死訊傳向各地，北邊的色雷斯和伊利里亞部落發動叛亂，弗西斯、阿卡納尼亞等地也不再忠於馬其頓，他們將城中駐守的馬其頓衛軍趕到邊境之外。

　　每一位帝王的死都帶給敵人一個可乘之機。如同腓力二世剛繼位時就必須面對爛攤子一般，亞歷山大繼位時，馬其頓也面臨著複雜的形勢。更囂張的是，阿爾塔薛西斯三世宣稱是他派人謀殺了腓力二世，雅典的狄摩西尼則戴上花冠慶祝馬其頓即將滅亡。在馬其頓內部，甚至還有一些團體絲毫沒有把亞歷山大放在眼裡，正準備刺殺這個乳臭未乾的年輕國王。

　　面對馬其頓的內憂外患，亞歷山大展現出無比的魄力。他先平定了內亂，穩固統治根基，將那些不忠於他的貴族斬首或流放。

　　亞歷山大趕赴科林斯參加了泛希臘會議，除了未到場的斯巴達依舊不肯臣服，其他城邦都承認了他的統治地位。雅典向他表示歉意，贈給他兩頂王冠，尊奉他如同神明。亞歷山大的憤怒終於平息，他宣布廢除希臘各地的獨裁統治，各邦按照自己的法律自由發展。希臘人答應亞歷山大，會在他征伐亞洲時提供兵力和財源的支持。

　　回國後，亞歷山大又出兵鎮壓了色雷斯和伊利里亞等北方部族的反動勢力。他以旋風般的速度，把軍隊帶到了現在的布

加勒斯特,將軍旗插在多瑙河北岸。此後,一旦有伊利里亞人向馬其頓進軍,他就前進320公里越過塞爾維亞,突襲入侵者的後方,把他們趕回自己的領地。

此時,一個謠言震撼了全希臘,說是亞歷山大已經在多瑙河畔陣亡了。狄摩西尼立刻號召人們為自由而戰,並名正言順地接受了波斯的援助經費。隨後,底比斯率先反抗,殺死了亞歷山大駐留當地的馬其頓官員,並包圍了駐守在扎卡特米亞的馬其頓部隊。雅典支援底比斯,並動員希臘其他城邦和波斯一同加入反馬其頓聯盟。

對於剛剛給予希臘發展自由的亞歷山大來說,希臘簡直忘恩負義,膽大包天。他立即率領疲憊的軍隊直入希臘。13天後,亞歷山大如天神般出現在底比斯城,要求底比斯立刻投降。底比斯拒絕投降,亞歷山大在震怒之下發起猛攻,不久便將底比斯城拿下。

品達(Pindar)生於底比斯城附近的貴族家庭,少時學習音律,求學於雅典,與雅典的許多名士都有密切來往。他認為詩歌能使子孫後人銘記先輩的光榮業績。他的詩莊重嚴謹、辭藻華美,被後世認為是古希臘首屈一指的抒情詩人。80歲時,為了迴避雅典動盪的思潮,他隱居故鄉底比斯,在那裡終老。品達死後,雅典人為他建了一座雕像,羅德斯人將他歌頌羅德斯島的詩刻在廟牆上。當亞歷山大準備將底比斯夷為平地時,特地囑咐手下,千萬不能讓品達住過的那座房子受到半點損壞。

第十一章　亞歷山大大帝的野望

　　亞歷山大把底比斯的命運交付給普拉提亞、弗西斯等地人民。按照他們的意願，底比斯被夷為平地，所有的建築都毀於一旦，所有的居民都被賣為奴隸。亞歷山大唯獨放過了詩人品達的舊居，也饒恕了教士和女祭司，以及少數能夠證明自己確實曾反對底比斯叛亂的人。後來，亞歷山大曾對自己殘酷決絕的手段感到懊悔，表示將毫不猶豫地答應底比斯人的任何要求。

　　相比之下，雅典則幸運得多。亞歷山大原諒了希臘對一年前誓約的背叛，也沒有強迫雅典領導人一定要向馬其頓投降。也許是因為他敬愛的老師亞里斯多德來自雅典，也許是因為雅典文明的繁榮令人嘆為觀止，亞歷山大一生都對希臘抱有尊敬和愛護。他把薛西斯從雅典奪走的雕像重新運回雅典，也把自己從亞洲奪得的戰利品供奉在雅典衛城。有一次，亞歷山大在一場艱苦戰鬥結束後，對著雅典感嘆道：「雅典人啊，你們可曾知道，為了獲得你們的讚美，我經歷了多少艱辛？」

亞歷山大的遠征

　　和他的父親一樣，亞歷山大打著替天行道的旗號，宣稱征服波斯是為了替古希臘復仇。古希臘世界再次被馬其頓平定統一，亞歷山大壯大了自己的力量。擁有希臘軍隊之後，他征服波斯的計畫也即將開始。儘管此時的波斯帝國依然與希臘爭奪

著東地中海的霸權，但這個國度已經暮氣沉沉，日益衰落了。

臨行時，為了激勵自己背水一戰，亞歷山大把自己大多數的土地和財產都送給了好友。他不放心希臘的未來局勢，又派重臣安提帕特（Antipater）和部分軍隊留守國內，隨時觀察希臘各邦的動向。

西元前335年，亞歷山大率馬其頓幾位重要將領及3.5萬大軍，從都城佩拉出發，穿越色雷斯，浩浩蕩蕩跨越赫勒斯滂海峽。船靠岸後，亞歷山大首先登上亞洲大陸。那裡恰好是特洛伊遺址，亞歷山大將長矛立在地上，向戰神雅典娜祭拜，又向祖先阿基里斯的陵墓獻上花環。他立誓要與阿基里斯取得一樣的功績。

聽到亞歷山大登陸的消息，波斯駐小亞細亞的包括大流士駙馬在內的三位總督，共召集了兩萬騎兵，在格拉尼卡斯河口迎戰馬其頓，同行的還有梅農（Memnon）統率的希臘僱傭軍。格拉尼卡斯戰役是波斯和馬其頓軍隊之間第一次正面、全面對抗。

具有遠見卓識的梅農提出拉長戰線以消耗馬其頓的兵力，但是波斯總督沒有理睬他的建議，反而認為敵寡我眾的情況下，應該迅速打敗敵人。亞歷山大身先士卒殺死了兩位總督，自己的安全帽也被敵人打落在地。有一個波斯人從背後刺向亞歷山大，危急時刻，克拉杜斯（Craterus）砍斷那個波斯人的手臂，救了亞歷山大一命。士氣低落的波斯軍慘敗於格拉尼卡斯，兩

第十一章　亞歷山大大帝的野望

千多名希臘僱傭軍都被擄為奴隸，這是亞歷山大對他們背叛行為的懲罰。

亞歷山大只經由這一場戰役就征服了小亞細亞，其他城邦一方面懼怕馬其頓的威力，一方面也不滿波斯的統治，所以紛紛不戰而降。只有米利都和哈利卡納蘇斯兩個城邦撐到最後一刻，誓死抵抗。梅農率領僱傭軍守在哈利卡納蘇斯，依他的謀略，原本計畫率艦隊攻擊馬其頓，並再次動員希臘聯盟反對馬其頓。但不幸的是，他不久便於戰鬥中陣亡了。最後，這兩座城市也被降服，小亞細亞都歸於馬其頓的版圖之下。

這次戰役之後，亞歷山大發現波斯有一個絕對優勢，就是擁有一支強大的艦隊。這意味著亞歷山大不但必須避免與波斯的海上交鋒，而且還面臨著隨時被這支艦隊切斷補給線的危險。很多人都認為，除非達到雅典海軍最輝煌時期的實力，否則馬其頓是打不過波斯海軍的，可是亞歷山大充分發揮了自己的陸上優勢，釜底抽薪──沿著海岸線，遠征地中海東岸的波斯港口。他從土耳其出發，一路南下，攻擊敘利亞、巴勒斯坦之後，直抵埃及。波斯港口是其艦隊的補給源頭，如今都被亞歷山大占領，艦隊找不到任何棲息地，對亞歷山大的威脅也就不攻自破。

儘管馬其頓海軍在漫長的南征北戰之中發揮的作用微乎其微，但亞歷山大用智慧的謀略消除了波斯艦隊的威脅。這也為後世的軍事戰略提供借鑑：海港相當於艦隊的根基，與其面對強大的海軍勢力，不如直搗其巢穴。這也成為後人打擊海盜最

直接且有效的手段。

波斯皇帝大流士三世識破了亞歷山大的計謀,親自率軍追擊亞歷山大,雙方在敘利亞的伊蘇斯相遇了。《亞歷山大遠征記》(*Anabasis of Alexander*)說波斯在這次戰役中派出六十萬大軍,這也許是虛指,但波斯人數在馬其頓的數倍以上是毫無疑問的。不過,亞歷山大的戰爭從來不是靠數量取勝,他以騎兵攻擊、步兵防禦的戰略,擊潰了波斯大軍。大流士落荒而逃,完全無暇顧及財產甚至家人。他的錢財被沒收,他的母親、妻子和兒女則受到亞歷山大的人道保護。

逃跑的皇帝大流士退到兩河流域,他致信亞歷山大,希望能經由談判贖回家人。亞歷山大對他的求和嗤之以鼻。不久,大流士又表示願意把女兒嫁給亞歷山大,並割讓土地給馬其頓。亞歷山大當然不會滿足於那一點土地,他要的是全亞洲,甚至是全世界。

此後的兩年,亞歷山大完成了對埃及的征服,進而北上攻擊波斯帝國的心臟。西元前331年的秋天,馬其頓與波斯在亞述古國都城附近的高加米拉展開關鍵性的會戰。亞歷山大率領四萬步兵和七千騎兵,大流士幾乎搬出了波斯帝國所有部族的幾十萬兵力。然而大流士的兵力再多,也只是反襯出亞歷山大部隊的驍勇強大,波斯軍這群烏合之眾的潰敗似乎毫無疑義。大流士膽顫心驚,再次逃跑,無數波斯士兵被馬其頓大軍追擊殲滅。

第十一章　亞歷山大大帝的野望

亞歷山大乘勝向東推進，於次年洗劫了古都巴比倫、波斯都城蘇薩等地，奪得無數財寶。他下令燒毀波斯波利斯王宮，將整座城毀滅殆盡，波斯帝國至此宣告滅亡。

亞歷山大並沒有在亂軍之中親自殺死大流士三世，倒是波斯總督貝蘇斯（Bessus）認為這個皇帝太懦弱，暗殺了企圖再次奔逃的大流士三世，自立為王。貝蘇斯後來被亞歷山大的手下抓獲，亞歷山大又突然以「為偉大的國王復仇」的名義，極刑處死了貝蘇斯。他還將大流士三世的遺體送回波斯波利斯安葬，以示敬意。

第十二章
哲學與藝術的黃金時期

第十二章　哲學與藝術的黃金時期

羅馬反遭希臘文化影響

沒有先天優勢的羅馬，何以戰無不勝呢？除了他們鍥而不捨的精神外，很重要的一點就是善於學習。一個國家能打一場以少勝多的戰役，也許不足為奇，但能在七百多年的歷史中，場場戰役都以少勝多，就是一個奇蹟。就此而言，羅馬是世界歷史上絕無僅有的一例。

羅馬攻占馬其頓，便學會了馬其頓的步兵戰術；與迦太基爭奪海上霸權，又模仿迦太基建立了同樣強大的艦隊；將希臘世界併為一個行省後，羅馬回過頭來虔誠恭敬地接受了輝煌燦爛的希臘文化。

其實，羅馬在早期王政時代就處於希臘文化的包圍之中了。希臘人在海外開拓了不少殖民地，這些地區不可避免地受到希臘文化的影響。隨著希臘人大批湧入和長期定居，義大利半島很快地被希臘化，敘拉古當時是義大利最繁榮的希臘城邦，也是西西里的文化、經濟中心。在此時期，羅馬人效法希臘字母創造了自己的文字，並借用了希臘的神話傳說。

然而直到西元前 3 世紀，羅馬征服希臘之後，才開始從各個方面領會希臘文化的獨特魅力。在貿易上，羅馬從希臘引進商品和生產工藝。不久，羅馬文學家開始模仿希臘的創作方式進行文學寫作。羅馬的著名學者西塞羅（Cicero）對希臘文學的傳入功不可沒，荷馬、柏拉圖、色諾芬、狄摩西尼等人的著作

都是他翻譯的,他還用希臘語記錄自己當執政官的經歷。

西元前2世紀,羅馬出於政治需求,開始學習希臘的演說,羅馬人認為這在審議會和法庭所操控的社會中,是非常有效的行事途徑。演說的課程一般在學生時代由老師教授,於是,羅馬建立了以希臘學園為模範的學校。

演說課只能教人演說的技巧和形式,然而演說必須以強大的內容為基礎,才能以理服人、生動有力。要讓自己的演說使人信服,就得求助於廣受認可的政治和道德標準,而且必須接觸各式各樣的命題。於是,羅馬繼續在希臘探索,發現了修辭學。

作為征服者,羅馬從希臘重要城邦帶回許多華美的戰利品,其中包括大量精美的藝術品和經典著作。羅馬面對希臘的文化成就嘆為觀止,羨慕不已。

隨著不斷深入接觸,羅馬貴族的生活也悄悄地發生改變。兒童從小要同時學習希臘語和拉丁語,羅馬文學家的作品中明顯帶有希臘化的內容。接著,希臘之風又吹動了古羅馬的建築藝術。羅馬很快就掌握了希臘建築的三種風格:多利安式、愛奧尼亞式、科林斯式,他們只在其中加入了一些實用元素。希臘的神祇也走進了羅馬的廟宇。

不過,羅馬對於學習希臘始終抱有矛盾心理。他們謙虛好學,承認希臘文化的優秀,但也為本民族的文化感到自豪,並沒有揚此抑彼。這一點特別展現在價值觀上——羅馬人講求功用,注重效率。這也解釋了為什麼羅馬對希臘的科學技術幾乎

第十二章　哲學與藝術的黃金時期

全盤接受,而對其哲學卻沒有太多發揚。法律的繼承是一個例外,羅馬人在這方面超越了希臘,他們創立的《十二銅表法》(*Twelve Tables*)被認為是現代西方法律的開篇之作。

吸收一種文化中的價值觀,接收者應有所警惕。當羅馬稱霸地中海時,這種警惕逐漸提高。出於對希臘文化的嚮往,很多羅馬貴族家庭聘請了希臘教師。羅馬擔心,對希臘自由主義的耳濡目染將破壞人們對國家的服從,威脅政權的穩定。羅馬政治家老加圖(Cato the Elder)為此發動了一場反對「危險新思想」的運動。當時社會上驕奢淫逸的貴族大有人在,羅馬人批評希臘的腐化、墮落,將這種現象歸罪於向希臘人的學習。

希臘化並非一朝一夕的過程,羅馬人對希臘文化的挖掘和學習一直沒有中斷。到了羅馬時代末期,羅馬人突然喜歡上古希臘的人物雕刻,於是,皇帝、貴族紛紛為自己豎立雕像,這一段時期出現了大量雕刻作品。

賀拉斯(Horace)說,希臘化在義大利最大的「戰利品」就是羅馬。羅馬人相當於重新統一了亞歷山大帝國,他們自身接受希臘文化的同時,也自然而然地將這項寶貴的財富帶到其統治的所有地區。

現在的羅馬文化其實由三種主要文化彙集發展而成:一種是伊特拉利亞文化,一種是腓尼基文化,還有一種就是希臘文化。腓尼基人和希臘人都曾是地中海的霸主,是古代的文化中心;伊特拉利亞人則是羅馬人的祖先。他們早在西元前9世紀

就來到臺伯河流域。其實伊特拉利亞也是希臘文化的受益者：他們使用希臘字母，與希臘貿易往來非常密切，大量產品與希臘神話一起走進了伊特拉利亞人的日常生活中。他們居住的房子也是希臘風格的。

犬儒學派與伊比鳩魯學派

雅典城邦的榮光已成為過去，哲學領域亦不得不面對政治與倫理在希臘前所未有的割裂。進入希臘化時代以後，國家的概念、社會的變化和對世界的認知都為哲學帶來巨大影響。哲學中的政治話題被擱置一旁，因為人們知道，馬其頓常駐軍曾經壓制言論自由，振奮人心、慷慨激昂的政治演說時代已經一去不復返，國家的自由只能用個人的不自由去兌換。

哲學必須適應時代的趨勢，轉換其存在方式，既要得到哲學上的寬恕，又得敷衍政治上的淪落。於是，哲學搖身一變，摘下民主、自由與真理的旗幟，轉而縮在角落，只關心個人的冷暖喜樂。

這種倫理學發展出兩種不同的道路：其一是追隨赫拉克利特、蘇格拉底等人的犬儒學派；其二是源自德謨克利特（Democritus）等人的伊比鳩魯學派。二者都是宗教與政治衰敗時的哲學填充物。犬儒學派帶著宿命論的悲觀色彩，而伊比鳩魯學派

第十二章　哲學與藝術的黃金時期

則提倡活在當下，快樂至上。

犬儒學派的創始人是蘇格拉底的學生安提西尼（Antisthenes）。雖然與柏拉圖同窗，但他們的理念完全不同。柏拉圖喜歡玄談和思辨，安提西尼則主張哲學應該回歸自然。因此，當政治風波席捲雅典時，安提西尼並沒有受到太多影響，沒像柏拉圖那樣因對當局失望而憂鬱出走。不過，他出身貴族，一直生活在安逸的圈子裡，晚年卻忽然摒棄了優越的生活環境。

安提西尼彷彿一夜之間醍醐灌頂，他告別家人，開始講學。他用通俗易懂的語言講述自己對人生的感悟，連沒受過教育的人也能聽懂。他認為，哲學的本質是平實樸素的，所有加以修飾的、精緻而形式化的哲學都會對其本身造成曲解。他遠離奢華舒適，過著簡樸的生活，並主張希臘應該回到原始社會，摒棄財富、政府、婚姻、宗教，沒有任何習俗、道德和法律的限制，將一切束縛通通拋開。

安提西尼雖然不主張印度人般的苦行生活，但他看清了奢侈享樂帶給心靈的腐蝕。當他看到雅典市集上的浪蕩者，看到那些整日無所事事在賭場消磨時光的年輕人，看到連最樸實無華的斯巴達人也被金錢誘惑了，他感嘆道：「我寧願瘋狂也不會沉迷於享樂。」安提西尼在當時腐化的社會中，無疑發揮了警醒世人的作用。他所講的回歸自然、清心寡欲，一掃當時的靡靡之風，很多人支持他的觀念，也紛紛效仿他的簡樸作風，於是，犬儒學派形成了。

犬儒學派與伊比鳩魯學派

「犬儒」據說源自於安提西尼用以講學的運動場之名——「快犬」；還有一種說法是，在安提西尼的影響下，此學派的人生活簡陋，不修邊幅，被其他學派的人蔑稱為「狗」。而安提西尼和他的追隨者們才不介意那些，反而欣然接受，這也是自嘲自娛的一種態度。

安提西尼的學生狄奧根尼（Diogenes）將其學說傳承發揚開來，甚至超過了他的老師。不過，安提西尼初次見到狄奧根尼時並不喜歡他，因為他的父親是個銀行家，而且狄奧根尼還因為在錢幣上亂塗亂畫而進過監獄。

但這個被老師認為有劣跡的學生為自己辯護起來。他說錢不過是世俗制定的規則，他之所以來向老師學習，就是為了擺脫這些世俗規則。世間萬物本來都是空無的，卻受到了不同的界定。人如同事物一樣被貼上什麼標籤，就要成為什麼，殊不知這些標籤都是用來矇蔽人眼的。安提西尼聽了，十分欣慰，眼前這個孩子能把返璞歸真的道理理解得這麼透徹！於是，狄奧根尼成了安提西尼的得意門生。

狄奧根尼後來繼承老師的學說，拒絕接受一切習俗，保持個人的獨善其身。他一直踐行著這項理念。

不過，犬儒主義在流行發展中逐漸產生轉變。早期的犬儒主義者追求善和德行，用自身的道德標準蔑視世俗的成規。後來，他們逐漸喪失了以道德為標準的原則，無所謂善惡，無所謂真假，既然都是虛空，那麼一切事物無論優劣都可以接受。

第十二章　哲學與藝術的黃金時期

他們逐漸否定了人性中善良真誠的一面，從極端的理想主義轉向了反理想主義，憤世嫉俗的積極也變成了玩世不恭的消極。

狄奧根尼後來像他的老師一樣，奉行簡單主義，甚至連基本的食衣住行也簡化了。他披著襤褸的衣衫，像乞丐一樣到處流浪，帶著一個可以為他遮風擋雨的大木桶，睏了就在木桶裡睡覺，走路的時候就把木桶背在身上，頗有「以天為蓋地為廬」的瀟灑。當時尚未繼位的亞歷山大非常崇拜狄奧根尼的個性，曾經特地到木桶前拜訪，並問狄奧根尼有什麼需要他效勞的。狄奧根尼正臥在木桶裡面曬太陽，懶洋洋地回答說：「我只要你走遠一點，你擋住我的陽光了。」

藝術逐漸走下神壇

這一段時期，神廟不再占據顯赫地位，私人宅邸也開始追求精美和富麗。走下神壇的藝術在設計與裝潢方面獲得了更寬廣的思路。人們的家宅不再像希臘傳統中那樣只有床和簡單桌椅，而是牆壁上裝飾著精美的浮雕、名畫，几案上陳列著雕像。一些富人家中還有私人花園。都會中新建的公園、涼亭和新挖的湖泊，為市民的日常生活增添了輕鬆怡人的色彩，都市計畫成為由建築衍生出來的另一門藝術。

在繁榮一時的古典時代，希臘雕塑的典範是健壯有力、神

藝術逐漸走下神壇

色莊嚴的裸體青年。到了希臘化時代，這一類風格依然用來表現帝王的英雄形象，但更多雕像呈現出多樣化、世俗化的現實主義風格，出現身軀傴僂、滿面皺紋、抱著孩子的老婆婆，聚精會神、雙手捧書的女學生，一身工匠打扮的年輕人等等。各種藝術不再只是貴族的專利，而是走入各個民族、各個階層，為所有百姓喜聞樂見。

雖然如今歲月已經將希臘化時期的建築夷為平地，但從歷史文獻和遺留古蹟來看，當時希臘建築的傳播範圍已從東方的科特里亞擴展到西方的西班牙。東西之間的相互影響使藝術呈現出混合形式：廳堂的柱廊和額橡走進了亞洲，拱門、圓頂以及圓頂閣來到了西方；埃及式和波斯式的房屋柱頭出現在古老的希臘城市德羅斯；嚴肅死板的多利安式建築已被活潑新穎的大希臘化時代所摒棄，華麗的科林斯式大受歡迎，在此時發展到頂峰。

西元前2世紀，雅典奧林匹亞宙斯神殿的科林斯式圓柱建築完成，這是雅典最偉大的工程。羅馬征服希臘世界以後，又倚仗希臘的藝術家創造了很多傑出作品。但奧林匹亞神殿是個例外，它是由羅馬建築師克蘇修斯（Callaeschrus）設計的。李維（Livy）曾描寫過這座神廟，說這是他見過的唯一值得萬神之神居住的地方。在敘拉古，國王希倫二世（Hiero II）建造了很多寬敞高大的房屋，又擴建了城市劇場，至今人們還能在遺址的石頭上讀出他的名字。在埃及，托勒密王朝也曾用許多大廈來裝

第十二章　哲學與藝術的黃金時期

點亞歷山大里亞，亞歷山大里亞為此曾以美麗著稱。

在希臘世界，民眾的熱情與審美、藝術家的技藝與創新從來未曾這般集中突顯，他們讓自己的家園煥發出從未有過的絢麗光彩。

每一個文明迎來新氣象的轉折時，都會有一批人帶著神聖而深情的懷舊之心，堅守在傳統的陣地。許多雕刻家模仿古典時期的藝術樣式，甚至偶爾重歸西元前6世紀的古風，以抵抗當時的「現代化」傾向。在很多公共場合，人們以追懷的敬意樹立起一些哲學家或詩人的肖像，他們已經和自己的文字一樣不朽於世。荷馬的半身雕像就常常出現在圖書館和學校，這或許也和《荷馬史詩》的普及有關。《伊里亞德》已被搬上課堂，成為希臘世界學生的初級課本，也是當時流傳最廣的書籍。

然而這個時代的主旋律還是實驗主義和個人主義，同時伴隨著想像力和戲劇性。藝術的焦點從神明和英雄轉到農夫、工人、市場商販，從神廟設計轉到風俗畫，藝術家在各種人物形象中都能找到不陳舊的主題。

如果有人說大希臘化時代的文化已經凋零，那也許只是一個結束希臘故事的藉口。希臘的生命也會經歷自然而然的興衰榮枯，但希臘人天才的原動力仍然使他們的藝術與科學和哲學一樣，即使在最後也能保持近乎頂峰的水準。他們成熟豐富的作品將傳播到沉睡中的東方城市。古希臘文明並沒有與其邦國一同消失，而是被好學生羅馬人所習得，並傳承到更長久的後世。

新文化中心，亞歷山大里亞

　　白日裡，陽光透過橄欖樹稀疏地灑在街道上；夜幕下，路燈閃耀著寧靜柔和的光芒。商人們在這裡歡快地忙於經營，人們討價還價的聲音在熱鬧中匯成一片。這是一個熱情洋溢、活力四射的摩登都市，這裡有哲學家的演說、公開的表演、刺激的遊樂場、甘甜的美酒、奢華的宴會……在一定程度上，亞歷山大里亞已經超越雅典，成為新的文化中心，只是依然閃耀著古希臘的文化光彩。

　　一條大路將整座城市分為四個區域，有居住區和公園區。城中心設有辦公的行政場所、法院以及上千家店鋪攤位。城外是競技場、圓形劇場和墓地。沿著海岸線，有一長串淋浴設施和遊樂場。

　　城中矗立著一座高約 90 公尺的多邊形法洛斯燈塔，堪稱希臘化早期的亞歷山大里亞的城市座標。塔頂有眾神之王宙斯的雕像，燈塔上的火光經由巨大鏡子的反射可以照到遙遠的海面上，為往來的船隻導航。法洛斯燈塔與羅德島的巨型雕塑、以弗所的阿蒂蜜絲神廟一樣，被列入古代世界七大奇觀。這三大奇觀都來自希臘化時代並非出於偶然。這一段時期，幾乎所有的統治者都急於展示城市的富庶，標榜文明的聲望，他們爭先恐後地傳播希臘文化，以繼承希臘為榮耀。從這些建築的風格和規模，就能看出這是一個充滿競爭而富有傳奇色彩的時代。

第十二章　哲學與藝術的黃金時期

西元前 200 年左右，亞歷山大城的人口幾乎趕上了現代都市的規模。除了社會階級最高、生活奢侈的馬其頓人和希臘人，還有埃及人、猶太人、波斯人、敘利亞人等，總人數約四、五十萬。

托勒密王朝致力於將亞歷山大里亞打造成希臘世界的中心，國王像亞歷山大一樣熱愛文化藝術，鼓勵很多學者、詩人、劇作家、哲學家等來到埃及。埃及當時擁有雄厚的財力，足以補貼每一位訪問學者，讓他們安心治學，並設立新型的文化機構，以促進藝術和科學事業的發展。

他們的文化基地是著名的「繆斯園」，因奉獻給九位繆斯女神而命名，英語中的「博物館」（Museum）一詞就是由它的意義演變而來。和雅典的學園一樣，人們不需要支付任何費用就可以來這裡學習。對於有名望的學者，政府會全權負責他們在繆斯園的食衣住行。托勒密一世（Ptolemy I）效法亞里斯多德的治學方法，也為繆斯園建了一座圖書館，收藏所有希臘文書籍。據說，極盛時期收藏有 70 萬捲紙草紙書。

圖書館的豐富館藏被後世傳為佳話，很多古代經典都是在這裡被後人習得或發現的。國王托勒密二世（Ptolemy II）下令將猶太人的《聖經》（Bible）翻譯為希臘文，希臘三大悲劇作家的作品官方抄本則是托勒密三世（Ptolemy III）偷出來的。每一位來埃及訪問的學者都要出示其個人收藏，一旦發現館藏沒有的書籍，就用幾本廉價抄本為代價將其沒收。姑且不論這種方式

是否合理,至少這座圖書館的確為各個領域的學者們提供了空前豐富的學術研究資源。詩人卡利馬科斯(Callimachus)曾為圖書館建立一個120冊的龐大目錄,被認為是希臘文學史的雛形。如果沒有埃及的圖書館,很多古代經典我們都將無緣一賞了。

這一段時期,希臘世界出現了一大批著名人物,如歐幾里得(Euclid)、阿基米德(Archimedes)、阿里斯塔克(Aristarchus)等,他們在數學、物理學、天文學領域各有卓越的貢獻。文化的繁榮同時展現於民眾文化的普及,希臘化時代締造出前所未有的成就。

第十二章　哲學與藝術的黃金時期

第十三章
城邦制度的危機

第十三章　城邦制度的危機

城邦的結束

還是這一年，在雅典，一大群人聚集在一起舉行熱鬧的宴會。他們頭上戴著鮮豔的花環，放聲高唱勝利的凱歌。亞歷山大之死撼動了整個馬其頓帝國，他們是在慶祝亞歷山大的離世，好像是他們親自打敗了亞歷山大一樣。

原來很多人都巴不得亞歷山大早點從世界上消失，尤其是始終嚮往自由的希臘人，他們從未放棄反抗。更可貴的是斯巴達人，雖然當初馬其頓兵臨希臘時，他們還因為內訌表現得異常冷漠，但一直沒有向馬其頓俯首稱臣。即使在亞歷山大大軍的鐵蹄之下，他們也勇於用生命爭取自由，不惜代價。那群高歌歡慶的人就是集結在雅典的反馬其頓集團。希臘與馬其頓的戰鬥再次展開。

雅典派遣特使赴伯羅奔尼撒半島，招募為自由而戰的友軍。在起兵過程中，希佩里德斯（Hypereides）發揮了重要作用，他用激動人心的演說號召希臘人再度聯合，為了共同的家園而戰。就在亞歷山大去世的當年，雅典爆發了反馬其頓戰爭，雅典人似乎重拾起希臘的光輝旗幟，引領希臘奔向自由。

希臘聯軍的首領是海外歸來的僱傭軍領袖利奧斯典納斯（Leosthenes）。亞歷山大東征時，希臘僱傭軍曾是他心頭一患，為了消除其帶來的壓力，亞歷山大解散了這些職業軍團，並下令所有城邦必須無條件接受返回祖國的僱傭軍。而現在，這些

城邦的結束

歸來的僱傭軍很快地集合起來，在利奧斯典納斯的帶領下，向馬其頓發起挑戰。馬其頓部隊失去了亞歷山大的統領，被僱傭軍打得毫無還手之力。利奧斯典納斯乘勝追擊，在溫泉關附近打敗了安提帕特的大軍，將他們圍困在拉米亞小城中。

就在即將取得勝利的關鍵時刻，雅典又出了問題。貴族永遠放不下自己的權力，他們彼此鬥爭導致利奧斯典納斯的權力被架空了。就在雅典貴族喋喋不休的爭吵中，馬其頓的援軍來了。利奧斯典納斯無力回天，只能眼睜睜看著馬其頓僥倖反轉局勢。雅典終究敗北了，及時趕到的援軍不僅解救了被困軍隊，還殘酷鎮壓了希臘僱傭軍。馬其頓向來對反抗者毫不留情，起義領袖被處死，剛剛抬頭的民主制再次夭折。馬其頓在雅典建立了寡頭政府，往日輝煌的大雅典從此一蹶不振。

雅典衰落下去，新的力量又在希臘大地上崛起。西元前4世紀末到西元前3世紀初這段時間裡，希臘世界興起了兩個主要聯盟，一個是古希臘中部的埃托利亞聯盟，曾協助利奧斯典納斯將馬其頓大軍圍困在拉米亞；另一個是亞蓋亞聯盟，圍繞伯羅奔尼撒北部的亞蓋亞地區發展壯大，這一聯盟的領導者名叫阿拉圖（Aratus）。

阿拉圖來自西庫昂，他推翻當地的僭主統治，掌握了西庫昂的實權。西元前251年，在阿拉圖的領導下，西庫昂加入了亞蓋亞聯盟。幾年後，憑藉個人魅力和政治才能，他擔任了聯盟的統帥。

第十三章　城邦制度的危機

　　最初，阿拉圖也是反馬其頓集團的一員。他對科林斯的馬其頓駐軍發起攻擊，將他們驅逐出界，並解放了科林斯和麥加拉，將二者拉入亞蓋亞聯盟。隨後，出於共同的利益，他又聯合托勒密三世挑戰馬其頓。然而，和阿爾西比亞德斯相似，阿拉圖也是雙面搖擺、讓人難以防範的人物。斯巴達嘗試改革時，他聯合馬其頓人撲滅了其改革之火。馬其頓人並沒有信任阿拉圖，反而對他抱有警惕之心，視為一個隱患。最終，他被馬其頓國王腓力五世（Philip V）毒死。

　　像曾經的提洛同盟和伯羅奔尼撒同盟一樣，埃托利亞和亞蓋亞成為希臘的兩股重要力量。他們勇往直前，無堅不摧，最強大的時候幾乎可以聯手把馬其頓趕回原處。不幸的是，他們也繼承了雅典和斯巴達的對立內耗，兩個聯盟互相干擾，古希臘城邦社會日益衰微，各地相繼發生改革和起義。對此，聯盟寧願求助外敵來鎮壓內部敵人，他們早已忘記最初成立的目的和意義。

　　至此，古希臘城邦的歷史即將結束。奄奄一息之中，希臘只能任歷史的小船隨處飄蕩，再也無法掌控航向。

羅馬統治之下

　　土地的濫用、礦產的枯竭、政治的混亂、民主的腐敗、道德的式微、凶殘的革命與反革命……輝煌希臘的能量被自身

羅馬統治之下

的種種弊端消耗殆盡了。正當此時,臺伯河上的羅馬小國悄然崛起。任何大國在未經自我毀滅之前是不會被外來勢力所征服的,而羅馬征服希臘的重要原因就在於,希臘世界的內部已經瓦解得一片混亂。

我們都知道,國家實力是贏得戰爭的保障,但從這方面來看,羅馬從一開始似乎就不占任何優勢。羅馬城誕生之初,與周圍國家沒有任何差異,同樣的社會條件下,羅馬還常常是部落戰爭的失利者。但是羅馬民族恪守一個最基本的信條,那就是無論勝負,都將戰鬥進行到底。羅馬最初擴張時,向西是海上強國迦太基,向東就是亞歷山大帝國。當時,馬其頓帝國已經過了最繁榮的時期,但百足之蟲,死而不僵,馬其頓依然雄霸大陸。

羅馬地處亞平寧半島,這裡地勢平坦,沒有天然的屏障可以依靠,而且悠長的海岸線總是為羅馬引來無數海上威脅。從作戰能力來看,當時的戰爭主要依靠士兵的體適能,而羅馬人是南歐人種,比日耳曼人矮小瘦弱;羅馬也不出產良好的馬匹,不具備發展騎兵的條件,只有依靠步兵作戰。羅馬地區貧瘠單薄,沒有礦藏,也不涉及主要的貿易要道,不是個生財之地。

就是這樣一個沒有任何先天優勢的小國,在殘忍卻有遠見的貴族統治下,訓練出一支強而有力的地主兵團。雖然戰事不斷,而且羅馬經常是幾條戰線同時作戰,但羅馬的敵人們始終未能撼動其根基。羅馬總是能用極少的代價從版圖上抹去一個

第十三章　城邦制度的危機

又一個國家。

　　成長中的羅馬劫掠了西地中海的糧食和礦產資源，逐漸向義大利境內的希臘居民逼近。羅馬繼續不動聲色地向東擴張，看到了希臘的內亂和馬其頓的瓦解。當時，馬其頓國王腓力五世也是一個有遠見、有雄心的君主，他一邊想穩定希臘的混亂局勢，一邊暗中防範羅馬的入侵。當他忙於挫敗古希臘的亞蓋亞聯盟時，猛然回頭，才發現羅馬的勢力已經滲透到鄰居伊利里亞地區。腓力五世非常惱怒，聯合迦太基名將漢尼拔（Hannibal）共同對付羅馬。迦太基是地中海強國，也曾被羅馬大舉侵犯，他們之間發生過三次布匿戰爭。

　　迦太基是腓尼基人的移民地，羅馬人稱腓尼基人為布匿人。迦太基和古羅馬兩個奴隸制國家為了爭奪西地中海的霸權，發生了一場延續一個多世紀的著名戰爭，共三場戰鬥，史稱布匿戰爭。第一次發生在西元前264至西元前241年，羅馬獲勝，將西西里變為羅馬的第一個行省；第二次戰爭也是最著名的一次，迦太基主帥漢尼拔率大軍入侵羅馬，卻以戰敗告終，喪失了全部海外領地；第三次布匿戰爭是羅馬對迦太基的侵略戰爭，羅馬將迦太基長期圍困，敗北的迦太基最後慘遭屠城，淪為羅馬的行省。

　　起初，羅馬的出現並沒有激起希臘和馬其頓地區的一致對外。由於這一地區利益關係複雜，加上理不清的世代恩怨，羅馬最初只是以混戰的形式參與了希臘半島的軍事局勢鬥爭。結

果，在與各股勢力的混戰之中，羅馬一步步蠶食希臘半島和馬其頓王國。大軍先後進行了三次馬其頓戰爭。在第三次馬其頓戰爭中，羅馬大軍洗劫了馬其頓，廢除安提柯王朝，將馬其頓劃分為四個共和國，但禁止各國往來，而且要將一半賦稅交給羅馬。這就是說，儘管馬其頓在名義上還是一個「共和國」，但實際上已淪為羅馬的一個行省。

羅馬的鎮壓歷來殘酷，馬其頓人不是沒有反抗過，他們曾在色雷斯和一些古希臘城邦的支持下起義，但遭到的是更無情的鎮壓和報復。西元前146年，羅馬人直接將馬其頓歸為行省。

接下來，因為援助了馬其頓，希臘也遭到同樣的命運。羅馬人摧毀了援助的帶頭者科林斯，攻占所有參與起義的城市。這些城市的城牆全部被毀，起義首領都被處死。就這樣，希臘也成了羅馬版圖上的一塊。

覆巢之下，豈有完卵？塞琉古王國和埃及托勒密王朝也嗅到了危機，他們也參與反抗羅馬的陣營，但結果不過是飛蛾撲火一般。西元前64年，塞琉古王國被羅馬吞併；西元前30年，埃及托勒密王朝被羅馬兼併。從此，亞歷山大帝國再也無處可尋。

羅馬最終結束了希臘聯邦制的全盛時代。儘管兩個同盟出於對馬其頓共同的敵意都成了羅馬的盟友，但羅馬人打著「自由希臘」的旗號支持城邦自治政策，二者因此被分裂。西元前189年，羅馬擊敗埃托利亞同盟，40年後，又擊敗了亞蓋亞同盟。

第十三章　城邦制度的危機

聯盟領導的叛亂被羅馬粉碎,希臘從此直接由羅馬接管。

與古典時期的雅典、斯巴達聯盟的極端化不同,希臘化時期的城邦聯盟儘管最終解體,卻對人類歷史具有特殊意義。到了 18 世紀時,法國的孟德斯鳩(Montesquieu)和美國革命中的一些知識分子等,都把城邦聯盟作為新的聯邦政體的參照模式。

聯盟被解散,首領一律被處死,希臘和馬其頓合併為一個行省,由一位羅馬總督治理。彼俄提亞、洛克利亞、科林斯等地必須年年向羅馬繳納貢款。但雅典和斯巴達由於受到尊敬而得以幸免,並可以繼續按照自己的法律管理自己的國家。主張保護財產、維護秩序的人士受到了歡迎,所有從事革命、發動戰爭或改革制度的行為一律遭到禁止,連年被戰亂侵擾的城邦終於迎來了和平。

分裂的亞歷山大帝國

西元前 323 年 6 月 12 日,亞歷山大拖著病重的身軀檢閱軍隊,此時他已氣息奄奄,說不出話來了。曾經隨他南征北戰的士兵和將領依然排成整齊的隊列,從他面前莊嚴而沉重地走過,向這位偉大帝王致以最後的敬意。而亞歷山大也是最後一次檢閱自己的軍隊了,他勉強行著注目禮,頭腦中也許正浮現出當年戎馬倥傯的一幕一幕。

第二天,這位震撼世界的偉大人物帶著遺恨長眠了,留下一個令人垂涎的遼闊帝國,還有一個個未能實現、更加壯闊的開疆計畫,卻再也沒有人能完成他未竟的使命。似乎唯有亞歷山大的統治才能和個人魅力,才能將這個龐大帝國凝聚在一起。

當時亞歷山大的妻子羅克珊尚且有孕在身,王室中只剩下與亞歷山大同父異母、智能不足的兄弟阿里達烏斯（Arrhidaeus）。將領們對誰來繼承王位產生了分歧。亞歷山大臨終前,把象徵王權的圖章戒指交給了他得力的騎兵統帥佩爾狄卡斯（Perdiccas）。佩爾狄卡斯的部隊提議等羅克珊生下孩子,再看情況決定。但馬其頓步兵不認同,他們要求立阿里達烏斯為王,並開始準備暴動。

經過激烈的爭辯,雙方達成了一個奇特的協議:如果羅克珊生下的是男孩,就讓他與阿里達烏斯共同執政。結果,羅克珊果然產下一名男嬰,取名為埃戈斯（Aegus）,他和阿里達烏斯分別被立為亞歷山大四世（Alexander IV）和腓力三世（Philip III）。亞歷山大一生都有意無意地追隨著「祖先」阿基里斯的人生軌跡,他甚至預言,自己死後也會像阿基里斯那樣,在葬禮上舉行一場浩大的競技賽。事實確實如此,只不過,這場競技是一次深不可測的權位之爭。

佩爾狄卡斯得到了亞歷山大的圖章戒指,於是擔任攝政王輔佐兩位沒有處事能力的君王。馬其頓自亞歷山大死後逐漸渙散,但在佩爾狄卡斯輔政時勉強維持了兩年。由於佩爾狄卡斯對繼

第十三章　城邦制度的危機

續遠征並不感興趣，戰士們也不願再戰，他便沒有實行征服阿拉伯的計畫。王位確定以後，佩爾狄卡斯重新分配帝國總督的轄地，又將三位首領一同置於統治者的位置：歐洲將軍安提帕特（Antipater）、戰地指揮官克拉特魯斯（Craterus）和佩爾狄卡斯自己。這就等於將整個馬其頓帝國分割成三份，分區統治，相當於一個盟邦聯合體。為了保障聯盟之間的和平穩定，安提帕特將兩個女兒分別嫁給克拉特魯斯和佩爾狄卡斯。

但是局勢並沒有穩定多久。希臘人坐不住了，開始四處起義。當安提帕特忙於鎮壓歐洲的希臘人時，佩爾狄卡斯正急於對付亞洲弗里吉亞的總督——獨眼安提柯（Antigonus）。安提柯帶給安提帕特一個壞消息：佩爾狄卡斯雖然答應迎娶安提帕特的女兒，卻也在著手準備與亞歷山大的妹妹克利奧帕特拉（Cleopatra）結婚。安提帕特被這個消息激怒了，攝政政府內部劃開了一道裂痕。同時，托勒密私自將亞歷山大的安葬隊伍轉移到埃及的行為，點燃了繼承者之爭的導火線。

佩爾狄卡斯當然不能容忍如此放肆的公然挑釁，他率軍開赴埃及準備向托勒密示威。但托勒密打開尼羅河堤壩，淹死了佩爾狄卡斯成千上萬的士兵。倖存的士兵被托勒密的招募條件所誘惑，一起叛變，殺死了佩爾狄卡斯。

佩爾狄卡斯一死，馬其頓便陷入了無休止的漫長內亂。勝利者的面孔不斷更換，政權不斷重組，領地不斷重新分配，很多貴族和將領自願加入廝殺陣營，卻被動地成為權力爭奪的犧

牲品。年幼的國王、智能不足的國王、無依的太后不僅無法改變目前的情勢，反而都沒逃過這場混戰中的謀殺。

佩爾狄卡斯的兒子卡桑德（Cassander）與新攝政王波利佩孔（Polyperchon）對抗，奧林匹亞絲加入波利佩孔的陣營，幫助他獲得了短暫的勝利。奧林匹亞絲因疼愛自己的孫子亞歷山大四世，殺死了智能不足的腓力三世，遠離了大多數貴族，但很快地，她也遭到了同樣的命運。而亞歷山大四世和母親羅克珊一同落入卡桑德手中，被軟禁在安菲波利斯，從此無緣政事。

亞歷山大的馬其頓帝國似乎只屬於他一個人。他離世之後，馬其頓從名存實亡的瓦解到徹底三分天下，歷經二十多年。最終，包括小亞細亞、美索不達米亞以及敘利亞北部在內的亞洲部分被塞琉古（Seleucus）占領，建立起塞琉古王國；埃及及敘利亞南部歸托勒密所有，成為托勒密王國；馬其頓和希臘半島被安提柯掌控，成立了馬其頓帝國；印度也重新獨立。從亞歷山大帝國的殘骸中艱苦磨礪出的幾顆棋子，終於塵埃落定。

亞里斯多德與柏拉圖

在那片遠離世俗煙火的山野學園中，一切都顯得波瀾不驚，那裡正悄悄地為一位天才學者搭建展示才華的舞臺。柏拉圖（Plato）的阿卡蒂姆斯學園建成的第二十個年頭，走進了一位

第十三章　城邦制度的危機

　　風華正茂的 17 歲少年。那時，柏拉圖已年過六旬，他還沒有發現自己的學園中將誕生一顆璀璨的哲學之星。這就是未來的「學園之魂」亞里斯多德（Aristotle）。

　　亞里斯多德出生在色雷斯的斯塔基拉城，這裡是古希臘的一個殖民地，毗鄰馬其頓國。亞里斯多德的父親曾是馬其頓王國的御醫。西元前 366 年，亞里斯多德來到雅典跟隨柏拉圖學習，直到柏拉圖去世，他在這裡一住就是二十年。

　　在與柏拉圖相處的日子裡，亞里斯多德習得了豐富的知識。柏拉圖從不以師道自恃，他用言行和思想潛移默化地薰陶著身邊的優秀弟子。但亞里斯多德並非柏拉圖徹底的繼承者，他們之間有很多分歧。亞里斯多德在學習中保有獨立的思考，並融會貫通，建立起自己的思想體系。

　　在學習方式上，柏拉圖注重思辨，而亞里斯多德更喜歡閱讀。亞里斯多德廣泛涉獵，不放過任何知識門類，還為自己建了一個圖書室。柏拉圖為此說他是個書呆子，亞里斯多德則說，知識不會隨著柏拉圖一同死亡。這兩位學問的探求者儘管道路各異，但為了追求真理都做出了無人企及的業績。柏拉圖對藝術懷有莊嚴凝重的神聖感，亞里斯多德則著迷於一切自然現實中的條理及規律。

　　柏拉圖去世後，亞里斯多德離開學園，先後去了小亞細亞和馬其頓王國。當他最著名的學生亞歷山大繼承王位後，他又離開馬其頓，重返雅典，受到很多貴族和將士的厚待。他們為

亞里斯多德提供了大量的金錢和土地資源，亞歷山大更是大力支持老師的事業，由此，亞里斯多德得以建立自己的學園，以阿波羅神殿附近的呂克昂為之命名。

學園也坐落在一片寬闊的園林場地中，舒適宜人，園中有當時最豐富的植物園和圖書館。亞里斯多德沒有採用柏拉圖演講與辯論的授課方式，在學園幽靜的林蔭小路上，他和學生們一邊散步一邊聊著自己對某個問題的見解。於是，後人也把亞里斯多德學派稱作「逍遙派」或「漫步派」。

亞里斯多德對世間萬物的內部本質都感到好奇，又喜歡接觸新鮮事物，所以，他不只精通哲學和數學，而且幾乎研究了當時能接觸到的所有學科，比如解剖學、醫學、動植物學、地質學、氣象學、心理學、政治學、邏輯學、美學、形而上學等。幾乎在每一個領域，他都做出了有價值的貢獻。他用授課之餘的時間撰寫了170多種著作，目前流傳下來的就有47種。

亞里斯多德是形式邏輯的創始人，也是第一批用科學解釋世界的學者，將淵博的知識融會於一個龐大複雜而有條不紊的體系之中。

亞歷山大在整個馬其頓境內下令，凡是獵人或漁夫捕獲到稀奇古怪的動物，都要交給亞里斯多德。亞里斯多德時常帶領學生在學園裡解剖各種動物，經過無數次實踐調查，他們發現，越是經過高級進化的動物，其生理機構就越是複雜。

研究物理學時，亞里斯多德提出了一個著名的理論：兩個

第十三章　城邦制度的危機

鐵球從同一高度落下，質量大的先著地。當然，這是個錯誤的論斷。直到兩千年後，年輕的伽利略（Galileo）才將這一個權威論斷推翻。儘管如此，亞里斯多德依然為後世的科學做出了不可磨滅的貢獻。

亞歷山大病故後，雅典人希望藉機擺脫馬其頓的統治。亞里斯多德因為曾是亞歷山大的老師而受到牽連，有人向他發起攻擊，指責他不敬神。歷史總是重複上演的——當年蘇格拉底的罪名之一也是不敬神。亞里斯多德的學生聽說雅典政府要逮捕老師，就護送亞里斯多德離開雅典，躲避到加爾西斯，他的學園也交給學生狄奧弗拉斯圖（Theophrastus）掌管。亞里斯多德再也沒有回到雅典，第二年夏天他就病逝了，終年 62 歲。

亞歷山大的東征結束了希臘世界的分散狀態，而希臘在精神上也結束了一個時代——思考整體世界的時代。亞里斯多德是最後一位用整體的視角觀察世界、思考世界的哲學家。他離世後，雅典興起了具體分析式的哲學，而希臘其他地區的哲學才剛剛起步。

在科學仍處於混沌狀態的時代，亞里斯多德就像手持火種的普羅米修斯（Prometheus），以他敏銳的目光、犀利的思想和嚴謹的邏輯描繪出一個完整的世界體系，堪稱古希臘的百科全書。

阿基米德

　　西元前 287 年，阿基米德（Archimedes）出生在敘拉古的貴族家庭。後來，和許多熱愛科學又經費充足的希臘人一樣，他來到亞歷山大里亞城，跟隨歐幾里得（Euclid）學習數學。學成後，阿基米德便返回祖國，過著隱居的生活，專心研究各派數學。像很多痴狂的科學家一樣，他常常為了一個問題廢寢忘食地思考計算。

　　普魯塔克（Plutarch）對阿基米德如此評述：他說每一種可供實用與可以獲利的藝術都是骯髒和卑鄙的。他將全部愛好與雄心都放在比較單純而與生活中的世俗需要無關的推理方面。

　　阿基米德一生為他的祖國敘拉古發明了很多作戰設備，但是發明之後，他便忘記了。他更關心純粹的科學研究，認為那是了解宇宙奧祕的鑰匙，並非用來賺錢謀利的工具。雖然依靠這些靈活有效的武器，敘拉古在一定時期內保全了自己，但戰爭並不美好，阿基米德不希望科學被人類的野蠻和欲望利用。

　　阿基米德在很多科學領域的成果，至今仍然令後人享用不盡。他留下的少量著作在歐洲與阿拉伯的流傳過程中，經歷顛沛流離，只剩下 10 篇。阿基米德發現了很多定律和公式，比如如何計算圓形的面積、複雜幾何體的表面積和體積；發現了拋物面體、橢球體、拋物線弓形、螺線；還比較精確地算出了圓周率……在《浮體論》（*On Floating Bodies*）中，阿基米德開篇就

第十三章　城邦制度的危機

說出驚人之語:「任何靜止而均衡的流體表面一定是球面,這個球面的球心就是地球的球心。」

有一天,國王希倫二世(Hiero II)將黃金交給一位敘拉古金匠,讓他製作一頂皇冠。皇冠做好時,希倫國王覺得金匠一定偷工減料了,但稱重並沒有變少。國王把這個問題交給阿基米德。阿基米德為這個問題思考了很多天——

他有一個習慣,無論做什麼事,只要有難題沒解決,他的腦子就不停地為這個問題而轉動。

有一天,阿基米德去洗澡,一進澡盆就發現,他的身體進入水中越多,水面就越高以至於溢到盆外。根據這一個現象,他結合其他知識得出了一個定理:浮體在水中減輕的重量就是它排出的水的重量。這一項發現太讓他興奮了,他叫喊著,赤裸著身體就跑出浴室。最後,他用這個理論發現了那頂皇冠中摻有銀子,並計算出了被偷走的黃金數量。

阿基米德還最先應用了槓桿和滑輪的力量,他是最早提出槓桿原理的人。他曾經自信地說:「給我一個支點,我將撬動整個地球。」國王希倫聽說後,向阿基米德提出了他的部將把大船拉向海灘時所遇到的困難。阿基米德便設計了一套齒輪與滑輪的組合裝置,他坐在機械的另一端,一個人就能把滿載貨物的大船拉到岸上。

希倫國王去世後,敘拉古與羅馬發生戰爭,羅馬將軍馬爾賽盧斯(Marcellus)率海軍兩路部隊攻打敘拉古。此時的阿基

阿基米德

米德已過古稀之年,但仍然上戰場督導部隊的防禦措施。敘拉古在保護港口的城牆後方裝設了弩炮,能把石頭射出很遠的距離,直接擊中羅馬戰艦。馬爾賽盧斯的部隊承受不住密集如雨的石塊,迅速撤軍,準備夜間再進攻。

還有一種更厲害的大型起重機,當羅馬的船隊駛入它的攻擊範圍內,起重機就會依靠槓桿和滑輪運轉,朝船隊丟擲大石頭或鉛錘。有的起重機設有巨鉤,能吊起一艘敵船,再將它摔向岩石或扔回海裡。羅馬士兵都不敢靠近敘拉古城牆,只要他們發現牆上出現一根繩子,就會立即被嚇跑。他們相信,那一定又是阿基米德發明的新式「怪物」,將使他們一命嗚呼。

在阿基米德的指導下,敘拉古強力回擊羅馬。馬爾賽盧斯不得不改變計劃,採用緩慢的封鎖政策。圍攻八個月後,由於彈盡糧絕,敘拉古無奈投降了。羅馬人再次進行屠城,馬爾賽盧斯親自下令不要傷害阿基米德。

一個羅馬士兵在劫掠途中發現了這位正在沙地上專心畫圖的老人。士兵要求阿基米德立即隨他去見馬爾賽盧斯將軍,他不知道自己打斷了大科學家的思考。阿基米德認為,先讓他把難題解出來再走也不遲。就在這時,士兵急不可耐地殺死了阿基米德。臨死前,阿基米德的最後一句話是:「別弄亂我畫的圓圈。」

聽說阿基米德被殺,馬爾賽盧斯深感遺憾。他竭盡所能地滿足阿基米德的遺願,為他修了一座漂亮的墳墓,墓碑上雕刻著阿基米德著名的作品《球與圓柱論》(*On the Sphere and the Cylin-*

第十三章　城邦制度的危機

der)。阿基米德認為,這象徵著他一生中最大的成就。

　　希臘的科學在阿基米德的推動下,已經發展到了一定程度。科學能夠幫助人們改善生活,但是在希臘的奴隸制社會中,並沒有引發「工業革命」。希臘深厚的哲學傳統又將人們帶回理論之中,他們在不知不覺間做出一個判定:現代化是沒有價值的。

第十四章
眾神的世界：希臘神話與信仰

第十四章　眾神的世界：希臘神話與信仰

掌管智慧的女神雅典娜

「頭戴頭盔，左手持盾，右手持尖頭矛，身披羊皮胸甲，矛尖往地上一插，冒出一株深綠色的橄欖樹。」只看這段文字，你一定認為奧維德（Ovid）又在《變形記》（*Metamorphoses*）中描寫哪一位威風瀟灑的男神。其實不然，這乃是奧林匹斯山上第一女神雅典娜（Athena）。

雅典娜是宙斯（Zeus）與第一位妻子智慧女神墨提斯（Metis）的女兒。宙斯家族歷來是兒子反爸爸、後浪推前浪，宙斯在眾人的幫助下建立神界新秩序之後，一直擔心自己也會遭遇和父親、祖父同樣的命運。當他聽說第一個女兒會比自己更聰明，將奪取權位的時候，就千方百計阻止這個孩子的出世。他把墨提斯變成一隻小飛蟲，一口吞了下去。不過，這並沒有耽擱雅典娜的出世，墨提斯在宙斯的大腦裡為女兒日夜趕製了一套精良的鎧甲。胎兒在宙斯的頭顱中繼續成長，因而常常讓宙斯頭痛欲裂。

有一天，宙斯再也忍受不了，情急之下，請工匠神赫菲斯托斯（Hephaestus）把自己的腦袋劈開。赫菲斯托斯手持大斧向宙斯的腦袋劈去，霎時，一道奪目的閃電劃破了黑暗。從宙斯的腦袋裡蹦出一個全副武裝的女子，她頭戴光芒四射的金盔，身披銀色鎧甲，長矛在握，灰色的雙眸高貴明亮。這便是智慧與正義戰爭女神雅典娜。她充分繼承了父母的優點，是力量和

智慧的化身。

身為正義之神的雅典娜,掌管著世間的和平。她愛憎分明,懲惡揚善,同情所有弱勢群體,也厭惡一切濫殺無辜的行為。提丟斯(Tydeus)在戰爭中腹部受傷,奄奄一息之時,雅典娜從父親宙斯那裡取來一種可以讓人長生不老的藥物,挽救了提丟斯。但後來提丟斯吸食敵人的腦髓,雅典娜恨之入骨,於是收回了對他長生不老的恩惠,讓他自生自滅。

古希臘著名的工匠代達羅斯(Daedalus)因嫉妒姪子佩爾迪科思(Perdix)的手藝高於自己,把他推下城牆。雅典娜同情佩爾迪科思,危急之中,將他變為鷓鴣而免遭一死。

雅典城初建時,相當於奧林匹斯山的一個直轄市,那時還不叫雅典,而是一個叫做阿提卡的地區。海神波塞頓(Poseidon)和姪女雅典娜為了爭取這一個地區的管轄權,展開一場競賽,他們的比賽內容是,看誰能為阿提卡人提供一件最有價值的東西。

波塞頓用自己的三叉戟敲擊壯闊的大海,百尺巨浪捲起千堆雪,海面上躍出一匹矯健威猛的戰馬。戰馬為大地帶來了不休的戰亂紛爭,原本貧瘠的地區更加困頓不堪。雅典娜將自己的金色長矛向大地一戳,土地上立刻長出一棵綠色的橄欖樹,枝頭結滿了果實。人們享用著美味的橄欖,榨出香濃的橄欖油,阿提卡地區獲得了富足,再無爭鬥。宙斯邀集眾神評判,他們的結論是:橄欖樹象徵著和平,比波塞頓的戰馬更有利於

第十四章　眾神的世界：希臘神話與信仰

人類的生活。於是，阿提卡地區成為雅典娜的領地，她用自己的名字將這裡命名為雅典，就像守護自己的子女一樣守護著雅典人。

雅典娜還向人們傳授手工技藝。她發明了精美的陶器，為人們增添了許多陶製器具。她還為木匠發明了三角尺和直尺，教人們造船並在船頭放置女神雕像，又為農人發明了犁杖和牛車。雅典娜也深受婦女崇敬，因為她教會了她們紡織技術。

不過，有一個女孩的紡織手藝是無師自通的，她叫阿拉喀涅（Arachne）。她的紡織作品精美柔和，刺繡巧奪天工，連仙女們都對她的手藝讚不絕口。阿拉喀涅開始得意起來，揚言雅典娜的織繡技術都比不上自己。這些話恰好被雅典娜聽到了，有人對自己不敬，她當然不能客氣了。

於是，雅典娜化身為一位上了年紀的老婦人，出現在阿拉喀涅必經的路上，勸誡她：雖然妳心靈手巧，但年輕人要累積經驗，珍惜織繡的靈感。但阿拉喀涅依然很自滿，揚言要和雅典娜當面比試。雅典娜立即現出原形，接受了這個不敬女子的挑戰。

兩人誰都不服輸，持續編織了一個月。雅典娜織出一幅奧林匹斯山眾神圖，阿拉喀涅織出了一幅眾神相愛圖，各有千秋，難分高下。此時，雅典娜向阿拉喀涅那幅圖輕輕吹了一口氣，畫卷就變成了一撮塵土。驕傲的年輕女子差點昏厥，她承受不住雅典娜的打擊，在一棵樹上上吊了。但是雅典娜奪回了她的

生命，將她變為一隻蜘蛛，永遠懸在空中吐絲織網。

雅典娜的身旁有一隻神鳥，原本是烏鴉，後來成了貓頭鷹。在東方，貓頭鷹是厄運和死亡的象徵，但在西方，牠代表著智慧和學識。有句西方諺語說：「帶貓頭鷹去雅典。」就是多此一舉的意思。

梅杜莎（Medusa）是希臘神話中的女妖，但她原本是一位美麗的少女。她和波塞頓在雅典娜的神廟裡私會而觸怒了雅典娜，但雅典娜不能懲罰伯父波塞頓，就把梅杜莎變成可怕醜陋的蛇髮女妖，任何看到她眼睛的男人都會立即化為石頭。後來梅杜莎被珀爾修斯（Perseus）所殺，珀爾修斯將她的頭顱獻給雅典娜，雅典娜把頭顱嵌在盾牌中央，並將那雙讓人石化的雙眼換作閃電和雷霆。

普羅米修斯

在宙斯與泰坦神（Titans）大戰之時，有一位泰坦後裔沒有參與這場戰爭。和暴躁凶惡的父輩們不同，這位神明性格溫和，熱愛自然。他厭惡爭鬥，便離群索居，過著清靜的生活，也因此躲過了宙斯奪權後對泰坦神的懲罰。他就是人類文明的使者普羅米修斯（Prometheus）。他的名字意為「先見之明」，足以見得他過人的智慧。

第十四章　眾神的世界：希臘神話與信仰

　　是誰？讓漫漫黑夜跳躍希望的火苗？

　　是誰？讓蠻荒時代沐浴文明的曙光？

　　是誰？甘願觸犯天條也要救人類於水火？

　　是誰？深受酷刑卻無怨無悔？

　　啊！巨人，是你給人類帶來火種。送來光和熱，

　　送來人類新的紀元！

—— 雪萊《解放了的普羅米修斯》
（Percy Bysshe Shelley, "*Prometheus Unbound*"）

　　神界十年大戰結束了，天地間又恢復了安寧。普羅米修斯按照神的模樣用水和土創造了人類，並教他們耕種、溝通等生存技能。但人類仍然被黑暗和嚴寒所困擾。普羅米修斯向宙斯申請賜給人類火種，被宙斯一口回絕。睿智的普羅米修斯就從太陽神車車輪的火焰裡偷來火種，帶到人間。

　　夜間，宙斯看到山下一片火光，才得知是普羅米修斯所為。他大發雷霆，決定嚴懲普羅米修斯和人類。

　　宙斯先讓兒子火神赫菲斯托斯用黏土造了一個女人，取名潘朵拉（Pandora）。受眾神所賜，潘朵拉容貌嬌美，姿態婀娜，散發著迷人的香氣，精通繁複的編織技藝。隨後，每位神明都拿出一樣對人類有害的東西，收在一個盒子裡，交到潘朵拉手中，讓她帶到人間。美人潘朵拉找到了普羅米修斯的兄弟厄庇墨透斯（Epimetheus）。普羅米修斯曾告訴弟弟不要接受宙斯的禮物，但

普羅米修斯

他心地單純,又被美色沖昏了頭腦,不僅接受了禮物,還把潘朵拉娶為妻子。有一天,潘朵拉趁丈夫不在家,偷偷打開了盒子,所有的禍患都飛了出來。還沒等到最底下的「希望」飛出,潘朵拉就惶恐地蓋上了蓋子。後來,人們就用「潘朵拉的盒子」來比喻「災難之源」。

大地上因此遍布瘟疫與災禍,人類飽受折磨。但這一次,他們的父親普羅米修斯也不能拯救他們了。

原來,宙斯又派赫菲斯托斯去抓普羅米修斯。赫菲斯托斯帶領兩個僕從——威力神和暴力神,將普羅米修斯用鐵鏈拴住,帶到遙遠的高加索山上。普羅米修斯奮力掙扎,但抵不過二神的力量,被綁在寒風凜冽的峽谷。赫菲斯托斯欽佩普羅米修斯的正義與勇氣,動了同情之心,但又不敢違背父親的命令,轉而勸說普羅米修斯向宙斯臣服悔過。普羅米修斯蔑視這種苟且偷生的行為,毫不妥協。赫菲斯托斯無奈,只好在普羅米修斯胸口釘下一枚金剛石的釘子,把他永遠固定在山崖上。

赫菲斯托斯和僕從離去後,荒涼的高加索山上就再也沒有其他生命痕跡了,這裡不長花草,不生鳥獸。普羅米修斯對著蒼穹長嘯,譴責宙斯的殘暴與專橫,哀嘆人類的可憐與弱小,繼而感慨自己的遭遇——他只因憐憫人類、愛護人類,就受到了這般嚴厲的懲罰。宙斯想要將人類徹底毀滅,而只有普羅米修斯勇於反抗,守護著大地上脆弱的生命。

孤獨而堅毅的普羅米修斯選擇了承受痛苦。他無法入睡,不

第十四章　眾神的世界：希臘神話與信仰

能飲食，忍受著風吹日晒，始終被一條無法掙脫的鐵索束縛。

在一片死寂中，每天如期而至的神鷹並不能帶給普羅米修斯安慰，相反地，牠奉宙斯之命前來啄食普羅米修斯的肝臟。神鷹從高空俯衝而下，凶神惡煞地抓住普羅米修斯的軀體。被吃掉的肝臟在夜裡又重新生長出來，神鷹便日日來襲，讓普羅米修斯的痛苦永無止境。

直到後來，英雄海克力斯（Hercules）尋找金蘋果時路過高加索山，射落了神鷹，普羅米修斯才終於被救下，重獲自由。只是，愛面子的宙斯仍將一隻鐵環銬在普羅米修斯手上，上面鑲著一片高加索山崖的岩石，以表示普羅米修斯還在自己的掌控之中。

普羅米修斯為人類的生存和幸福做出了巨大犧牲，他是人類的守護神，象徵著追求自由與解放。傳說中，他的後人也對人類的發展發揮重要作用。宙斯從不放棄毀滅人類的念頭，後來他向人間發動了一場史無前例的滔天洪水。一切都被淹沒了，只有普羅米修斯的兒子丟卡利翁（Deucalion）和兒媳皮拉（Pyrrha）倖存於世，他們在一塊陸地上重新扎根生活。在神諭的指導下，他們丟出的石子變成了人類，他們的兒子希倫（Hellen）後來成為希臘人的祖先。

海克力斯也是希臘神話中偉大的半神英雄，他是眾神之王宙斯與凡間皇后阿爾克墨涅（Alcmene）的兒子，又名海格力斯。他神勇無比，力大無窮，生前完成了十二項英雄偉業。他還幫助

伊阿宋（Jason）覓取金羊毛，解救了普羅米修斯。海克力斯英明一世，卻最終遭小人迫害，自焚身亡，死後升入奧林匹斯聖山，成為大力神。有關他懲惡揚善、勇於鬥爭的神話故事，歷來都是詩人作家們樂於表現的主題。在今天的西方世界，「海克力斯」已經成了大力士和壯漢的代名詞。

心碎的愛神，阿芙蘿黛蒂

阿芙蘿黛蒂（Aphrodite）從出生起就不同尋常。這要追溯到神界第一次宮廷政變的時候：當克洛諾斯（Cronus）把父親烏拉諾斯（Uranus）的肢體拋到大海上時，肢體四周迅速泛起層層泡沫，阿芙蘿黛蒂就在這些泡沫與浪花中誕生了，正如她的名字，意為「出水芙蓉般美麗的女子」。

如果說宙斯是最風流的男性神祇，那麼阿芙蘿黛蒂就是最多情的女神。作為愛與美的化身，阿芙蘿黛蒂那婀娜的體態吸引了很多男神的追求。身為愛神，她信奉戀愛自由，但也由不得自己的意志，所以她的愛情是一段悲喜交織的故事。

風神齊菲爾（Zephyrus）把一個碩大的貝殼緩緩吹至賽普勒斯島海岸。阿芙蘿黛蒂從貝殼中姍姍而起。她身材修長，肌膚白皙，體態豐滿，散著一頭蓬鬆濃密的長髮，光滑柔潤的肢體透著賞心悅目的端莊。時光女神荷萊（Horae）迎接這美麗的

第十四章　眾神的世界：希臘神話與信仰

誕生，為她穿上亮麗的服裝，佩戴薄如蟬翼的面紗和精緻的飾品，又送她坐上車子，一群輕盈的鴿子把阿芙蘿黛蒂帶向高高的奧林匹斯山。

眾神從不知道天地間還有如此超凡脫俗的美，無不為之傾倒。阿芙蘿黛蒂像一道銀白色的光芒，讓奧林匹斯山煥發出耀眼的光彩。她的美貌不僅征服了眾神，也征服了大自然。她走過的每一個角落都開出絢爛的花朵，抽出綠色的枝條，大地溫暖如春，生機盎然。

天神宙斯也愛上了阿芙蘿黛蒂，但愛神並不喜歡不可一世的宙斯。宙斯為了報復她，強迫她嫁給火神和工匠神赫菲斯托斯。火神一出生就遭到母親赫拉（Hera）遺棄，可以說是眾神中最醜陋的一個，而且還瘸了一條腿。儘管他質樸勤勞，卻無法完全獲得阿芙蘿黛蒂的芳心，阿芙蘿黛蒂總是和眾多情人約會。

最美的愛神和最醜的火神，可謂是最不匹配的婚姻。阿芙蘿黛蒂不滿意自己的丈夫，她愛上了英俊但凶殘的戰神阿瑞斯（Ares）。她和阿瑞斯生下了五個孩子，包括小兒子厄洛斯（Eros）。厄洛斯人稱小愛神，背上長著一對翅膀，喜歡背一張小小的金弓、一支金箭和一支鉛箭。被他的金箭射中的人會產生愛情；相反地，被鉛箭射中的人會拒絕愛情。因為他年少頑皮，很多時候是盲目亂射的，所以他代表瘋狂的愛。

就像宙斯權力再大，也會遭到阿芙蘿黛蒂的拒絕一樣，阿芙蘿黛蒂縱然有小兒子的金箭，有掌控愛情的能力，同樣也會

心碎的愛神，阿芙蘿黛蒂

遭到別人的拒絕。那是希臘神話中最英俊的花樣少年阿多尼斯（Adonis）。

有一天，阿芙蘿黛蒂偶然碰到阿多尼斯，對他一見傾心。她呼喚阿多尼斯，希望他能陪自己聊聊天。但阿多尼斯對異性毫無興趣，只喜歡在山林間打獵，便回絕了阿芙蘿黛蒂的提議。這時，愛神不得已使出自己的法力，對阿多尼斯說了不少甜言蜜語，並且願意滿足他很多願望。可是阿多尼斯還是不為所動，恨不得馬上從她身邊逃離。阿多尼斯很不耐煩，用輕蔑和嫌棄的眼神望著阿芙蘿黛蒂。愛神又氣又惱，暈倒在地上。甦醒後，她繼續勸說阿多尼斯，但是依然遭到拒絕。

突然，愛神預感到不祥，覺得阿多尼斯可能遭遇不測。她勸他不要去打獵，以防不測，阿多尼斯當然不肯聽從。結果，阿芙蘿黛蒂的預感很準確，原來是戰神阿瑞斯嫉妒阿多尼斯，想將他置於死地。第二天清晨，阿多尼斯打獵時被豪豬咬傷，殷紅的鮮血滲到林間草地上。阿芙蘿黛蒂趕到時，阿多尼斯因失血過多，已經死去了。愛神悲痛欲絕，她的眼淚溼潤了腳下的泥土，開出一朵朵銀蓮花，阿多尼斯的鮮血則化作鮮豔的紅玫瑰。此後，阿芙蘿黛蒂就詛咒世間的愛情永遠伴有猜疑、恐懼和悲痛。

阿芙蘿黛蒂形象端莊美好，在文學、藝術領域廣受追捧。她最著名的形象是西元前4世紀的一尊雕像，被譽為古希臘最美的女性雕塑。只是雕像受損，失去了雙臂，但依然不失女神落

第十四章　眾神的世界：希臘神話與信仰

落大方、寧靜脫俗的氣質。阿芙蘿黛蒂在羅馬神話中叫維納斯（Venus），所以這尊雕像的名字就叫「斷臂的維納斯」，也是「殘缺之美」的代名詞。

太陽神之子法厄同

如今，「法厄同行為」已經成了不自量力的代名詞。第二次世界大戰中，美國對廣島和長崎投下原子彈的舉動，就被歷史學家稱為「法厄同行為」。盲目操縱大自然的力量，造成人類無可挽回的損失，等於自取滅亡。

關於法厄同（Phaethon），有這樣一個足以警醒世人的故事。

「你竟敢羞辱我！知道我是誰嗎？我可是太陽神的兒子！」法厄同指著天空中的太陽，對同伴憤怒地說。

「哼，什麼太陽神的兒子！你能拿出什麼證明來嗎？我看你就是個冒牌貨！」

法厄同當時的確沒有什麼可以用來證明身分，但他的確是太陽神阿波羅（Apollo）和海洋女神克呂墨涅（Clymene）的兒子。他帶著滿肚子委屈回到家裡，決定去太陽神宮殿找自己的父親。

太陽神阿波羅全名為「福波斯・阿波羅」，福波斯（Phoebus）意為「閃耀者」。他從不說謊，光明磊落，也被稱作真理

之神。他是希臘神話中最俊美、最有才華的神祇,象徵男性之美。他不僅帶給人類光明,還掌管青春、文藝、醫藥、音樂等。

金碧輝煌的宮殿,有著銀質的大門,象牙的飛簷,幾根高大閃光的圓柱直入雲霄,上面鑲滿了燦黃的金子和豔紅的寶石。殿堂奪目的光芒讓法厄同不敢走得太近。太陽神的扈從分兩側站立,阿波羅身著紫袍,頭頂神光,高高坐在飾有翡翠的寶座上。他一眼看到了下面為宮殿氣勢默默驚嘆的兒子。

阿波羅問法厄同為何而來,法厄同委屈地講述了與同伴發生的不愉快,請求父親賜予自己一樣能證實身分的東西。慈愛的太陽神當然要滿足兒子的請求,他任何時候都不會向世人否認他的愛子法厄同。法厄同終於笑顏逐開,對父親說了最狂妄的夢想——他要一整天親自駕駛太陽神車。

話音一落,阿波羅的臉色就變得憂鬱凝重起來。他後悔自己前一分鐘許下的承諾,駕駛太陽神車是多麼危險的事情!太陽神車雖然每天準時穿過天空,但阿波羅每天都承擔著失手的風險。道路峭峻崎嶇,車軸噴射出灼熱的火花。行到最高處時,俯視萬丈之下的海洋及陸地,讓太陽神都感到眩暈。隨後陡轉而下,隨時都有墜落的可能。太陽神把危險一一向法厄同說明,希望他能知難而退,但興奮的兒子毫無退縮之意,一直懇求父親兌現承諾。

有道是君無戲言,太陽神只好牽起兒子的手,來到赫菲斯托斯打造的太陽神車。車轅、車軸、輻條都是金色的,各種珠

第十四章　眾神的世界：希臘神話與信仰

寶點綴其上，像太陽神的寶座一樣華美高貴。此時，黎明女神已經甦醒，彎月變淡，星星消失。時光之神替餵飽了仙草的馬匹套上鞍轡。太陽神為法厄同塗了一臉神奇的膏油，以避免被煙火灼傷。太陽神一番叮嚀囑咐之後，法厄同得意地跳上了車子，留給父親一個感激的微笑。

無限寬廣的世界展現在法厄同腳下，他隨著矯健有力的馬蹄而心神駘蕩。但不久，馬兒們就察覺今天主人的不同，身上的負重減輕了，對牠們的管束也放鬆了。很快地，牠們就像海浪中搖晃的船帆，帶著車子在空中橫衝直撞。法厄同害怕了，他忘記了父親教的駕馭要領，不知道該向哪邊拉緊韁繩，也不知道車子行進到了什麼地方。下面是一望無際的陸地，什麼都看不清楚。四下張望，已是前無通路，後無歸途。他從沒見過天空中那麼多的星座，奇形怪狀的圖案像魔鬼一樣讓他戰慄。

法厄同臉色慘白，雙腿顫抖，只感到一陣寒冷。他已經抓不住韁繩，馬兒脫離軌道，一會兒向星星奔去，一會兒向地面俯衝。當車子掠過雲層，雲朵就開始冒煙；當車輪掠過高山，大地就開始震盪起火。很多植物被燒乾了汁液，茂密的樹林被燒成灰燼，莊稼農地裡冒出燒焦的氣味，城市上空濃煙滾滾……也因此，非洲的大地變成一片沙漠，衣索比亞人的皮膚被烤成了黑色。

整個世界一片火光，法厄同臉上的膏油也保護不了他了。他感到焦灼難耐，好像自己穿行在一個巨大的火爐裡，吸著濃烈

的煙塵，承受著馬匹的顛簸震動，最後連車子也被火包圍了。法厄同的頭髮起火了！他痛苦地從車上跌落，瞬間翻轉而下，像一顆一閃即過的流星。慈悲的埃利達努斯河收留了他燒焦的遺體。

太陽神看著這幅悲慘的景象，收起頭頂的神光，陷入深深的悲哀。法厄同的妹妹赫利阿得斯（Heliades）為哥哥哭泣了整整四個月，最後化作一株楊樹，守在哥哥的安葬地旁。樹下美麗的琥珀，便是她晶瑩哀傷的淚水。

十二主神

世界上沒有哪一個神話中有比古希臘神話更多的人物了。希臘神話中的人物，一半是天上神明，一半是亂世英雄，共八百多位。更難得的是，希臘人竟然保存了完整的神明譜系。希臘眾神行走人間，愛爭吵，也愛風流，更喜歡戲弄人類，卻從不會觸犯天規。他們的故事和古希臘的歷史緊密交織，無處不在。

太初混沌，首先誕生的是大地之神蓋亞（Gaia）。蓋亞生下了天神烏拉諾斯（Uranus），又與烏拉諾斯結合生出十二位泰坦神（Titans）。「泰坦」在英語中的意思是「巨大的、了不起的」（希臘語音譯作「提坦」）。20世紀初那艘著名的遊輪鐵達尼號，它

第十四章　眾神的世界：希臘神話與信仰

的名字就意為「強大而永不沉沒的船」。十二位泰坦神是六男六女，個個都力大無窮，恐怖猙獰。蓋亞還生了更厲害的三個獨眼巨人和三個百臂巨人，因為他們很討厭自己的父親，就被氣憤的烏拉諾斯關進了地獄。

第一代神和第二代神的原始世界就此形成了。

天神烏拉諾斯是最高統治者，他怕兒女們奪權，就狠心地把他們通通關了起來。但蓋亞愛子心切，幫助最小的兒子克洛諾斯（Cronus）解救了其他子女。隨後，大家聯合推翻烏拉諾斯的統治，克洛諾斯登上寶座。

為王的克洛諾斯娶了自己的姊姊瑞亞（Rhea），現在輪到他擔心孩子們造反了。瑞亞每生下一個孩子，克洛諾斯就吞掉一個，把危機扼殺於萌芽中。直到第六個孩子出世，他分外可愛的模樣喚起了瑞亞被壓抑許久的母性。瑞亞用了一招「狸貓換太子」，將一塊用布包裹的石頭送給丈夫吞下。

這個倖存的孩子叫宙斯。長大後的宙斯一心為同胞復仇，在父親的酒中投下魔藥。克洛諾斯喝了之後大吐特吐，把宙斯的哥哥姊姊都吐了出來，他們就是波塞頓（Poseidon）、哈得斯（Hades）、狄蜜特（Demeter）、赫斯提亞（Hestia）和赫拉（Hera）。兄弟姊妹六人聯手挑戰父輩的暴力統治，展開又一次「宮廷政變」。但宙斯一方勢單力薄，法力不強，武器不硬，被泰坦神族追擊得四處逃竄。撐了十年，這場戰爭還是看不出結果。

終於，在普羅米修斯的提議下，宙斯去地獄放出了獨眼巨人和百臂巨人，他們為了報答宙斯而奮力助戰。三位獨眼巨人還是專業的武器製造家，為宙斯打造了霹靂，為波塞頓打造了三叉戟，為哈得斯打造了隱身頭盔。年輕神明的作戰能力突飛猛進，反攻的時刻到了！哈得斯戴上隱身頭盔，溜進泰坦神族後方，將他們的武器全部搗毀。三位百臂巨人伸出數百隻手，同時向敵人拋擲巨石；三兄弟手持嶄新銳利的武器勢不可當，更有姊妹們的縝密相助和獨眼巨人的有力後盾。天地間經歷了激烈而持久的廝殺，宙斯一方終於贏得了勝利。

為了避免繼續爭權奪利，兄弟姊妹們透過抽籤分配職位。宙斯擔任天神，擁有最高權力。他的哥哥波塞頓成為海神，哈得斯為冥神；他的姊姊赫斯提亞成為灶神，狄蜜特則是農神。還有一個姊姊被宙斯娶為妻子，她就是天后赫拉。以宙斯為首的新秩序確立了。之前的兩代神被稱為「老神」，第三代以後便被稱為「新神」。

身為眾神之王，宙斯可以呼風喚雨，主宰人間禍福興衰。他生性風流，天上人間處處留情，因此他的兒女滿天下，都變成了神明或英雄。

宙斯的第一位妻子並不是赫拉，而是智慧女神墨提斯（Metis）。他們結合生下的雅典娜也是一位智慧女神，她曾為雅典城帶來了象徵和平富足的橄欖樹，並以自己的名字為其命名，由此成為雅典的守護神。

第十四章　眾神的世界：希臘神話與信仰

　　宙斯又和記憶女神謨涅摩緒涅（Mnemosyne）生下了九位文藝女神繆斯（Muses），她們常為文學家和詩人提供創作的泉源。

　　黑夜女神勒托（Leto）則為宙斯生下了一對光影孿生兄妹太陽神阿波羅（Apollo）和月神阿蒂蜜絲（Artemis）。

　　天后赫拉是宙斯的第七位妻子，他們有三個孩子：容貌姣好的青春女神赫珀（Hebe），為戰爭而生的戰神阿瑞斯（Ares），還有火神與工匠神赫菲斯托斯（Hephaestus）。因為赫菲斯托斯長得醜，最初還遭到母親的遺棄。

　　山林仙女邁亞（Maia）為宙斯生下了神使赫爾墨斯（Hermes），他腳生雙翼，速度如飛，常在眾神之間傳遞訊息。

　　伊娥（Io）和宙斯戀愛，被赫拉追逐而逃到埃及，生下了兒子厄帕福斯（Epaphus），也就是埃及第一任國王。顯然希臘人已經把埃及當作自己的附屬國，甚至歐洲也被「希臘化」了。宙斯遇到了腓尼基公主歐羅巴（Europa），穿越大海，把她騙到一塊陸地上，後來那片土地就叫做歐羅巴，也就是今天的歐洲。

　　偶爾，威風凜凜的宙斯在情場上也會失意。阿芙蘿黛蒂就是他求而不得的一位美女，也是楚楚動人的愛與美之女神。她在古羅馬神話中叫維納斯。羅馬人既喜歡美麗的希臘神話，又不想「侵犯希臘人的智慧財產權」，就為那些神改了名字，名正言順地當作自己的神話。很多行星的名字就來自羅馬人的重新命名，比如，最大的木星就是最高首領朱比特（Jupiter）（宙斯），血紅的火星就是好鬥的戰神瑪爾斯（Mars）（阿瑞斯）。

宙斯帶著眾位新神在奧林匹斯山上安營紮寨。這是希臘最高的山，山峰高聳入雲，他們就住在雲海之上的仙境中，所以也被稱為「奧林匹斯眾神」。其中有十二位主要神祇，還有不少像繆斯這樣次要卻著名的神，山林之間的精靈仙子更是多得數不清。

　　希臘人向眾神祈禱、獻祭、卜問未來；神也很喜歡參與凡塵之事，有時，他們會根據自己的意願降禍賜福。神與人戀愛而生的後代就成為世間英雄。有時候，城邦之間的戰爭就是神與神的戰爭。他們唯一區別於人類的，就是擁有不朽的生命。

第十四章　眾神的世界：希臘神話與信仰

第十五章
永恆的故事：古希臘神話的魅力

第十五章　永恆的故事：古希臘神話的魅力

所向披靡的阿基里斯

阿基里斯（Achilles）安詳地躺在燃燒的木柴堆上，高高壘起的木柴堆上，疾風吹得火焰熊熊燃燒。火中有人們傾注的膏油，還有大碗的蜜糖和美酒。將士們全副武裝，騎上戰馬，圍繞著火堆環行，風聲與哭聲交織，悲慟而莊嚴地向他們的英雄致敬作別。

當宙斯追求海洋女神忒提斯（Thetis）時，聽聞一個預言：忒提斯的兒子必將遠遠超過他的父親。宙斯最怕的就是宮廷政變，愛情讓位於權力，於是他把忒提斯許配給凡人英雄佩琉斯（Peleus）。果然，他們的兒子阿基里斯比佩琉斯更英勇強大。

忒提斯生下阿基里斯後，也想使他成為神。她瞞著丈夫把阿基里斯放置在天火中，想燒去他從父親身上遺傳的人類基因。有一次，佩琉斯偶然看到兒子在火焰中顫抖，大驚失色，把他抱起來送到人馬喀戎（Chiron）那裡醫治。喀戎用熊的骨髓和獅子的肝臟餵養阿基里斯，並把他培育為一代英雄。

忒提斯沒辦法把兒子變成神，就想讓他受到最好的保護。她又帶阿基里斯去冥河斯提克斯洗浴，使他刀槍不入。然而冥河的水太過湍急，母親只好緊緊握住兒子的腳跟，那被抓住的腳跟是唯一沒有被聖水洗過的位置，便成了阿基里斯日後最致命的弱點。

阿基里斯9歲時，預言家卡爾卡斯（Calchas）曾宣布：遙遠

所向披靡的阿基里斯

的特洛伊城注定要被希臘人毀滅,但必須有佩琉斯的兒子參與。忒提斯聽聞心生焦慮,因為這正應了她婚禮上獲知的另一個預言:她的兒子將死於特洛伊戰場。於是,忒提斯又將阿基里斯男扮女裝,送到斯庫洛斯島上和當地的公主們一起生活。

當希臘聯軍準備征伐特洛伊,將士們還是巧用妙計,辨認出宮廷中的阿基里斯,說服他為希臘的榮譽出戰。

阿加曼農(Agamemnon)動員所有同盟者攻打特洛伊,阿基里斯是最後一位被請出的英雄。他長得十分俊美,奧德修斯(Odysseus)到宮中尋找他時,甚至無法從公主之中辨別出哪位是英雄。於是奧德修斯扮作商人,向公主們展示各種美麗的飾品,大家都開心地賞玩這些精巧的小物件,只有一個人無動於衷。這時,奧德修斯拿出一把鑲著珠寶的匕首,這倒吸引了那個「少女」的注意。此時,外面響起戰鬥的號角,女孩們聞聲紛紛逃離,只有這個「少女」拿起匕首毫不畏懼地準備戰鬥。阿基里斯的偽裝就這樣被識破了,只好同意出戰。

阿基里斯驍勇善戰,武藝超群,令特洛伊軍隊聞風喪膽。當好友帕特羅克洛斯(Patroclus)犧牲時,阿基里斯悲痛萬分,決定為他復仇。母親忒提斯得知兒子要迎戰特洛伊大王子赫克托爾(Hector),就請工匠神赫菲斯托斯為兒子打造出一副鎧甲和一塊盾牌。阿基里斯憑藉一身功夫和精良兵器戰勝了赫克托爾,並將他的屍體拖在戰車上。

赫克托爾死後,特洛伊軍中沒有阿基里斯的對手了,更多

第十五章　永恆的故事：古希臘神話的魅力

的特洛伊人死在他悲憤的長矛下。特洛伊的保護神阿波羅看著他們慘重的傷亡，憤怒得像一頭猛獸。他離開奧林匹斯山，來到阿基里斯面前，威脅他停止對特洛伊人的攻擊。阿基里斯毫不畏懼，指責阿波羅對特洛伊的袒護，轉身繼續追擊敵人。阿波羅兩眼閃射著火焰，將自己隱蔽在雲霧中，彎弓搭箭，從難以察覺的雲端一箭射向阿基里斯的後腳跟。

疼痛從腳跟直抵心頭，阿基里斯像一座被掘毀了石基的巨塔，一頭栽倒在地。他怒視四周，大罵阿波羅的陰險。悲吼的同時，阿基里斯從無法癒合的傷口上拔出毒箭。鮮血噴湧而出，他憤怒地把箭甩在地上，又一次從地上躍起，眼裡充滿了不甘和仇恨。他揮舞著手中的長矛，直奔敵人。在周圍又倒下很多人之後，突然間一股寒氣漫過他的全身。他倚矛而立，已經無法追趕敵人了，但特洛伊士兵出於恐懼仍不敢靠近，他的怒吼同樣令敵人戰慄。

阿基里斯的身體迅速僵硬，一瞬間轟然倒下。大地震動，他的盔甲鏗鏘有聲。

即刻，剛剛還在躲避他的人都上前來搶奪他的鎧甲，然而埃阿斯（Ajax）高舉長矛守護在屍體旁，逼退了來侵犯的人們。

希臘人將阿基里斯的屍體運回船艦，士兵們忍不住放聲痛哭。人們用溫水為阿基里斯的屍體洗浴，為他穿上忒提斯為他做的華麗戰袍。雅典娜對阿基里斯充滿憐惜，在他的額頭撒上香膏，以防止屍體腐化變形。阿基里斯面容安詳，好像只是睡

著了一樣，臉上曾經的痛苦和悲傷都消失了。忒提斯從深海趕來，悲痛地擁抱著兒子，淚水漣漣，打溼了地面。

希臘聯軍為阿基里斯舉行了火葬儀式。熊熊烈焰中，阿基里斯化為灰燼，他的骨灰被盛裝在金鑲銀鍍的箱子裡，與好友帕特羅克洛斯的屍骨一起安葬在海岸最高處。

奧德修斯繼承了阿基里斯的鎧甲和盾牌。而阿基里斯的兩匹神馬感覺到主人已去，便咬壞了轡頭和所有馬具，不再接受別人的駕馭和看管。

伊阿宋

東西方神話故事有很多相通之處。比如，古希臘傳說中有伊阿宋（Jason）尋找金羊毛的歷險故事；中國的《西遊記》中，師徒四人為取得真經，需歷經九九八十一難。對此，神話學家約瑟夫・坎伯（Joseph Campbell）在《千面英雄》（*The Hero with a Thousand Faces*）中說：「英雄從日常生活的世界出發，冒著種種危險，進入一個超自然的神奇領域；在那神奇的領域中，英雄遭遇各種難以置信的、有威力的超自然力量，並且取得決定性的勝利；於是英雄完成神祕的冒險，帶著能夠為他的同類造福的力量歸來。」

《金羊毛》（*Golden Fleece*）中的主角叫伊阿宋，是埃宋（Ae-

第十五章　永恆的故事：古希臘神話的魅力

son）的兒子。伊阿宋的爺爺克瑞透斯（Cretheus）建立了愛俄爾卡斯王國，並將它傳給了兒子埃宋，但後來埃宋的弟弟珀利阿斯（Pelias）篡奪了王位。埃宋臨終前將小伊阿宋託付給人馬喀戎。喀戎教導有方，按照培養英雄的標準去訓練伊阿宋，伊阿宋終於長成一位有勇有謀的年輕人。

珀利阿斯晚年受到一個莫名的神諭所困擾，神諭要他提防一個只穿一隻鞋子的人。但他無論如何也猜不透這背後的詭異，更不知道他那離開家鄉二十年的姪子已經踏上了歸途。

這一天是愛俄爾卡斯國祭獻波塞頓的日子，珀利阿斯被眾人簇擁著莊嚴地祈禱。這時，不遠處走來一個英俊高大的年輕人，帶著古代英雄的風度，身披豹皮，長髮垂肩，手持兩根長矛，一根用來刺擊，一根用來投擲。人們都驚奇地注視著這個美男子，還以為是阿波羅或阿瑞斯的化身。只有國王珀利阿斯突然緊張驚恐起來，因為他看到年輕人腳上只有一隻鞋子。

原來伊阿宋經過一條湍急寬闊的河流時，岸邊一位老婦人請求幫她渡河。伊阿宋二話不說，把她穩穩地舉在頭頂，順利涉水而過，但其間他不小心把一隻鞋子陷在淤泥之中。伊阿宋不知道，這位婦人其實是天后赫拉喬裝而成的。

祭祀儀式結束後，珀利阿斯暫且放下心中的驚恐，若無其事地走向陌生的年輕人，詢問他的名字和家鄉。伊阿宋不卑不亢地說出了自己的身分，並告訴他的叔父，此行便是要取回父親的王位。珀利阿斯將姪子領進宮中，伊阿宋凝望著自己幼年

伊阿宋

生活過的宮室，心中生出無限渴望和感慨。狡黠的珀利阿斯假裝語重心長地說，自己已經不能勝任一國之君，很願意把王位讓給姪子，但是有一個條件，就是伊阿宋必須去柯爾喀斯的埃厄忒斯王國取來金羊毛。這既算是幫珀利阿斯完成心願，也是伊阿宋對自己能力的證明。只要伊阿宋能取回金羊毛，王位和王杖都是他的。

傳說有隻會飛的公羊，牠的毛是純金的。有一對姊弟曾騎著牠騰空而行，途中，姊姊墜海而亡，弟弟最終抵達柯爾喀斯地區，並娶了埃厄忒斯國的公主。他殺掉公羊獻祭宙斯，把金羊毛送給埃厄忒斯國王。之後，金羊毛又被輾轉獻給戰神阿瑞斯。阿瑞斯聽說金羊毛能保全自己的生命，就把寶物釘在樹林裡，派遣毒龍看守。

世間的英雄和王子都想得到這一件無價之寶，伊阿宋一聽也躍躍欲試，欣然同意了這個約定。他不知這是老謀深算的叔父設下的圈套，要他死於這次冒險，永遠奪不走自己的王位。

伊阿宋邀請了很多希臘英雄參加這次探險行動。在雅典娜的指導下，造船者阿爾戈斯（Argos）為他們打造了一艘永不腐朽的華麗大船，取名「阿爾戈」。伊阿宋擔任探險隊的指揮。獻祭海神之後，他們拔錨開船，乘風破浪，很快就把身後的陸地拋得很遠。

阿爾戈號首先到達了美麗的女兒國利姆諾斯島。島上沒有一個男子，因為他們負心，全部被妻子殺死了。統治小島的

第十五章　永恆的故事：古希臘神話的魅力

是年輕的女王海普西碧莉（Hypsipyle）。女王恭恭敬敬地接待了伊阿宋一行，並安排島上的婦女舉辦營火晚會，為英雄們接風洗塵。大家都歡歡喜喜地進城去了，只有海克力斯留在船上看守。英雄們在宴會上開懷暢飲，和美麗的女子縱情歌舞。行期一天天推遲，海克力斯再也忍不下去，他把英雄們召集到岸邊，斥責他們沉迷於尋歡作樂而忘記了重大使命。大家忽然醒悟了，羞愧滿面，立即動身開船。婦女們追到岸邊，也沒有挽留住這些鬥志昂揚的英雄。

他們在庫梓科斯島打敗了六臂巨人，卻誤殺了熱情款待他們的國王。在喀俄斯登陸時，又受到當地人的殷勤招待，然而年輕的海拉斯（Hylas）在汲水時，被愛上他的水澤仙子偷偷拉入泉中。海克力斯按照神諭的指示去執行了其他任務。在柏布律西亞，英雄們被迫與國王比賽拳擊，結果波路克斯（Polydeuces）一拳打碎了國王的頭骨。他們還解救了被美人鳥侵擾的預言家菲紐斯（Phineus），躲過了伊斯坦堡海峽浮動的撞岩。菲紐斯預言的劫難他們都經歷了一番，歷經千難萬阻，終於踏上了柯爾喀斯的土地。

伊阿宋向埃厄忒斯國王（Aetees）說明了自己的來意。國王並沒有禁止英雄們奪取金羊毛，但是要伊阿宋先通過他的考驗：驅使兩頭銅蹄噴火的公牛耕地，並在地上播種卡德摩斯（Cadmus）所殺死的巨龍的牙齒。和伊阿宋狡猾凶狠的叔父一樣，埃厄忒斯國王顯然也想藉機除掉他。伊阿宋心中畏難，但又不能

退縮，只能果斷答應接受考驗。

就在英雄們一籌莫展之際，希臘人的保護神赫拉來幫忙了。她使國王的小女兒美狄亞（Medea）有機會見到伊阿宋，並對他一見鍾情。這個小公主偷偷向伊阿宋表露了愛慕之情，伊阿宋也被她打動了，於是兩人互許終身。美狄亞當然站在愛人這一邊，她給伊阿宋一種防火魔藥，並告訴他應對考驗的方法。

第二天，僕人放出兩頭巨大的神牛，牠們鼻孔噴著烈焰向伊阿宋奔襲而來。因為有防火藥的保護，伊阿宋成功地馴服了兩頭牛，讓牠們耕地之後種上龍牙。土中的龍牙很快變成一群手持武器的士兵，伊阿宋抵擋不住，搬起一塊巨大的圓石向士兵們砸去。士兵們像中了魔法一樣，立刻互相廝殺。伊阿宋趁機拔出寶劍，忽左忽右砍掉了他們的腦袋。國王心中大怒，用懷疑的目光凝視著身邊的美狄亞。

美狄亞生怕父親發現祕密，又連夜找到伊阿宋。他們決定一起去取金羊毛，然後回到愛俄爾卡斯國結婚。於是，美狄亞帶著伊阿宋來到存放金羊毛的亞里斯森林。不眠的毒龍伸長脖子，發出低沉的吼聲，披著灼灼發光的鱗甲穿行於林間。伊阿宋不由得倒吸了一口涼氣，美狄亞卻勇敢地走上前，用一種甜美的祈禱催牠入睡，並把神奇的露水灑入龍眼，口中不停念著咒語。毒龍昏迷了，美狄亞吩咐伊阿宋從橡樹上拖下金羊毛。他們逃出密林，金羊毛的光輝照亮了黑夜的路。

破曉時，兩人登上阿爾戈號，英雄們圍著首領驕傲歡呼。

第十五章　永恆的故事：古希臘神話的魅力

隨後，他們立即起錨，擺脫了追兵，終於回到了愛俄爾卡斯。

金羊毛是英雄伊阿宋榮譽的象徵，但如果沒有美狄亞的幫助，也許故事又是另一個結局了。雖然回國後，伊阿宋並沒有如願換得王位，但他和美狄亞如約成婚。秀外慧中的美狄亞得到了伊阿宋的寵愛，她想，即使她為丈夫背叛了自己的親人也是值得的。但是多年以後，美狄亞年老色衰，伊阿宋另有新歡，就要結婚了。

像當年為了愛人義無反顧地採取行動一樣，傷心欲絕的美狄亞對伊阿宋和他的情人進行了殘酷的報復。她用一件美麗的袍子毒死了新娘和她的父親，又更加瘋狂地殺死了自己和伊阿宋所生的孩子。伊阿宋被突如其來的悲劇徹底擊垮，當他看到美狄亞乘著龍車騰空而去時，於絕望中拔劍自刎。

伊底帕斯的悲劇

傳說，底比斯國王萊瑤斯（Laius）和王后柔卡絲塔（Jocasta）多年無子，他們來到德爾菲神廟祈求神賜予子嗣。神諭說，他們可以得到一個兒子，但萊瑤斯將死在這個兒子手裡，因為宙斯聽到了佩羅普斯（Pelops）的詛咒，說萊瑤斯曾劫走他的兒子。

萊瑤斯的確犯過這個錯誤，他相信神諭是真的。所以，當柔卡絲塔生下一個兒子後，他決定把孩子丟棄。他們將孩子的

腳踝刺傷，用皮帶捆綁，交給一個牧羊人丟到山上。好心的牧羊人憐憫這個無辜的孩子，偷偷把他送給了科林斯的一個牧羊人。牧羊人對孩子的身世毫不知情，因為他的腳踝有傷，就叫他伊底帕斯（Oedipus），意思是「腫痛的腳」。不久，他又把孩子送給了他的國王珀羅普斯（Polybus）和王后墨洛珀（Merope）。底比斯國王和王后都認為孩子必定因飢渴而死，或葬於野獸之腹。儘管不忍割捨，但他們認為這樣做可以避免兒子犯下殺父之罪。

伊底帕斯被科林斯國王視作親生兒子，從未懷疑過自己的身世，直到一個偶然事件打擊了他長久的自信和快樂。在一次宴會上，有個嫉妒伊底帕斯的國人喝醉後，指著伊底帕斯說他不是國王的親生兒子。雖然珀羅普斯和墨洛珀極力安慰伊底帕斯，他心中還是放不下這個疑慮，於是來到德爾菲神廟，希望太陽神打消他的懷疑。

在古希臘，如果誰褻瀆了神，就要受到詛咒。他們並不奉行「一人做事一人當」的原則，被詛咒的通常是一整個家族，這就意味著，他的後人從一出生就被困在一個注定絕望的命運之中。於是，也就不意外古希臘的悲劇為何如此卓越。

沒想到，太陽神不但沒有解答他的疑惑，還給了一個更可怕的預言：伊底帕斯將殺害他的父親，並娶母親為妻，生下可惡的子孫。

伊底帕斯被神諭所震驚，不敢回王宮，為了躲避預言中的

第十五章　永恆的故事：古希臘神話的魅力

悲劇，他遠離科林斯國，向玻提亞走去。走到德爾菲與道利亞城的十字路口，他看到一輛馬車焦急地推擠著小路上的行人，車上有一個老人、一個使者、一個侍從和兩個僕人。伊底帕斯看不慣車子的橫行霸道，便上前阻攔。雙方展開一場惡鬥，伊底帕斯殺死了兩人，其他人逃走了。

伊底帕斯繼續趕路。他絲毫不覺得剛才殺死的老人有何高貴，可是那正是要趕去玻提亞神殿的底比斯國王萊瑤斯——他的親生父親。雙方自以為能夠規避的預言已悄悄實現了，但是無人知曉，無人阻止悲劇的繼續。

萊瑤斯死後，柔卡絲塔的弟弟克瑞翁（Creon）繼承王位。當底比斯王國還在沉痛追悼意外死去的老國王時，可怕的斯芬克斯（Sphinx）出現在城外。這是一個長著美女頭和獅子身的怪物，牠蹲在一個懸崖上，讓過路的人猜牠的謎語，猜不中的人都將被牠撕成碎片吞食下去。牠吞噬了很多人，甚至包括克瑞翁的兒子。於是，克瑞翁下令，誰能剷除這個惡怪，誰就能夠登上王位，並娶到他的姊姊。

這時，伊底帕斯來了。他並不在乎自己被困擾的生命，於是走上了斯芬克斯所蹲踞的懸崖。斯芬克斯拿出一個不易解答的謎語為難這個勇敢的外鄉人。牠說：「有一種動物，早上四隻腳，中午兩隻腳，晚上三隻腳。這是唯一一種在不同時期變化腳的數量的動物，腳最多的時候，反而是最虛弱的時候。」伊底帕斯聽完笑了：「這就是人啊！在一生的清晨是個孩子，只會手

腳並用地爬行；到人生的正午是頂天立地的壯年；到人生的黃昏時，年邁需要拄杖扶持，這便是第三隻腳。」斯芬克斯的謎底被輕而易舉地揭開了，牠又氣又惱，跳下了懸崖。

伊底帕斯成為底比斯王國的英雄，克瑞翁讓出了王位，並將柔卡絲塔許給伊底帕斯為妻。伊底帕斯在底比斯有四個孩子：雙胞胎兄弟艾特歐克里斯（Eteocles）和波呂尼刻斯（Polynices），大女兒安蒂岡妮（Antigone）和小女兒伊斯墨涅（Ismene）。他們既是伊底帕斯的兒女，也是他的弟弟和妹妹。

善良正直的伊底帕斯和柔卡絲塔共同治理底比斯王國，很受人民的尊敬和愛戴。當神在底比斯降下瘟疫時，深受苦難的國民依然相信國王能夠拯救他們。伊底帕斯也請克瑞翁去德爾菲神廟請求神諭的指點，神諭說，正是殺害國王萊瑤斯的罪人使全城陷入災難。

伊底帕斯宣布一定要親自懲辦凶手，不論他是何人。他請盲人預言家忒瑞西阿斯（Tiresias）來找出凶手，卻見忒瑞西阿斯用顫抖的雙手掩面，好像要擋住某種可怕的東西。在伊底帕斯的再三追問下，他向伊底帕斯說出了一句讓所有人驚恐的話：「凶手正是你呀！是你的罪惡殃及了全城百姓！」伊底帕斯還不明白事情的真相，他斥責預言家不過是個江湖騙子，並和看法不同的克瑞翁發生了激烈的爭吵。

直到王后柔卡絲塔走出來，為了判定預言家在說謊，她講述了前夫的死亡和丟棄嬰兒的原委。伊底帕斯感到無比詫異，

第十五章　永恆的故事：古希臘神話的魅力

他突然意識到，自己當年在十字路口殺死的老人很可能就是國王萊瑤斯。隨後，他得知那個從十字路口逃走的僕人在他繼位以後，就請求離開城市，到最遙遠的牧場放牧去了。伊底帕斯立即召回了這個僕人。

當僕人回到王宮時，科林斯也來了一個使者，報告說國王珀羅普斯已死，請伊底帕斯回國繼位。伊底帕斯被種種錯綜複雜的事情困住了，無法確定什麼才是真相。

最終，他眼前這兩位來自不同國度的牧羊人解開了最後的謎團。巧合的是，科林斯的使者正是把小伊底帕斯送給國王的人，他當眾證明伊底帕斯其實是珀羅普斯的養子。當伊底帕斯追問是誰將萊瑤斯的兒子送給山中牧羊人時，發現正是剛剛從邊境召回的僕人。聽到這裡，王后絕望地放聲痛哭，從眾人之間跑開了。科林斯的使者立即認出，正是眼前的僕人把嬰兒交付到自己懷中。一切真相大白：伊底帕斯就是萊瑤斯和柔卡絲塔的兒子！

伊底帕斯瘋狂地在王宮裡奔跑，他回到自己的臥室，發現王后柔卡絲塔已經懸梁自盡了。眼前的種種悲劇讓他痛不欲生，他抱下王后，用她衣服上的胸針炙瞎了自己的雙眼，好讓自己再也看不到曾經犯下的罪孽。

他讓僕人把自己引到百姓面前，讓他們看看這個帶來災難的大罪人。不過，沒有人怨恨他、嘲笑他。伊底帕斯安排克瑞翁擔任兩個幼子的攝政王，祈禱底比斯人民重新得到神祇的佑護。

後來，這位曾經為千萬人愛戴的底比斯救星，能解開最難的謎語卻遲遲解不開自己命運之謎的國王，離開宮殿，像乞丐一樣，向著遙遠的邊境走去。

奧德修斯

　　長達十年的特洛伊戰爭終於結束了。眾將領在返程的路線問題上意見不一，因而分頭行動。在戰場上逃過生死劫的英雄們都陸陸續續回到了祖國，只有拉爾特斯（Laertes）的兒子，伊塔刻國王奧德修斯（Odysseus）遲遲不歸。其實，奧德修斯出征時兒子才剛剛出生，他原本歸心似箭，日夜思念著家中的妻兒老小，不料他的部隊因觸犯了神靈，在海上經歷了太多的磨難。

　　剛離開特洛伊時，一陣大風把奧德修斯的船隊吹送到喀孔涅斯人的都城。奧德修斯和同伴們在那裡大肆掠奪，就在均分財物之後，喀孔涅斯人的援兵到了，一些希臘士兵被殺死，其餘人落荒而逃。

　　經歷了九天九夜的暴風雨，他們來到了食蓮人的海岸。那裡生長著一種忘憂果，人吃了以後就會忘記故鄉，不願意離開。無計可施的奧德修斯只好用武力把同伴們帶回船上，有的人在船上依然哭泣著反抗。

　　船隊一路航行到庫克羅普斯，這裡居住著一個殘酷而野蠻

第十五章　永恆的故事：古希臘神話的魅力

的民族。奧德修斯和同伴被獨眼巨人抓進山洞，和羊群關在一起。兩個同伴被獨眼巨人當作晚餐吃掉了。巨石堵住洞口，裡面的人無法逃脫。奧德修斯在焦慮之中想出一個辦法：他把自己貯藏的美酒獻給獨眼巨人，巨人連喝三桶終於醉了。奧德修斯在同伴的幫助下，飛快地將一根燒著的木棍轉動著刺入巨人的眼睛。趁巨人疼得發瘋，他們搬開洞口的巨石，藏在羊肚子下面逃了出來，並把羊群趕到自己的船上。

逃離了獨眼巨人，奧德修斯才知道他剛剛刺瞎的是海神波塞頓的兒子。獨眼巨人向父親祈禱，令奧德修斯一行在歸途中歷盡折磨，長久漂流。

在海上漂流數日後，他們又來到了風神埃俄羅斯（Aeolus）的海島。風神聽說了希臘英雄們在特洛伊戰爭中的壯舉，很同情這些遠離家鄉的戰士，送行時給了他們一只風袋。又過了九天九夜，奧德修斯隊伍已經逼近伊塔刻海岸，家鄉的燈火就在前方閃耀。奧德修斯一路疲憊，終於可以休息片刻了。當他睡著時，同伴們好奇風袋中有何財寶，就把袋子解開。剛開了一個小口，狂風驟起，船隊再度偏離航線。

整整航行了七天，他們才看到陸地。這一次，他們碰上了可怕的食人族，遭到了上千巨人的襲擊。除了奧德修斯自己的船，其餘船隻都被砸碎了船板，可憐的同伴有一半命喪於此。

奧德修斯和僥倖脫險的同伴一路航行到仙女喀耳刻（Circe）的島上。一部分人前往喀耳刻居住的宮殿，發現院子裡徘徊著

許多溫順的野獸。這時，喀耳刻優美動聽的歌聲從殿中傳來，她微笑著歡迎大家享用自製的糕點。沒想到，這些糕點中摻了一種藥草，吃了糕點的人全都變成了豬！原來院子裡的野獸都是喀耳刻將人變成的。只剩下警惕的歐律羅科斯（Eurylochus），他恐懼地跑回岸邊，把事情告訴了奧德修斯。奧德修斯去營救同伴的路上，遇到神使赫爾墨斯（Hermes），並獲得他的幫助，因而降服喀耳刻，將同伴變回人形。

喀耳刻答應送奧德修斯等人回家，但在此之前他必須前往冥界詢問未來的事情。在冥界，奧德修斯與去世的母親和朋友的靈魂對話，又得知妻子佩涅洛佩（Penelope）和兒子正陷於困境。奧德修斯心急如焚，直奔故鄉。

不過，後面的旅程也並不順利。他們先是途經賽蓮女妖（Siren）的小島。女妖們搧動著翅膀，唱出比黃鶯還要婉轉的歌謠，引誘著過往的船舶。但凡是被迷惑登陸的人必死無疑，所以這裡的海岸布滿死人的白骨。奧德修斯早有耳聞，他很想聽聽這些動人的歌聲，又怕自己喪命，就要同伴們把他綁在桅桿上，並吩咐他們用蠟封住自己的耳朵。

致命的誘惑過去了，他們來到太陽神放牧神牛的島嶼。同伴們飢餓難忍，不聽預言者的警告，殺了神牛充飢，觸怒了宙斯。宙斯降下霹靂，劈碎了所有的船隻，其他同伴都死了。只有奧德修斯緊緊抱住一塊船板，經過九天九夜的漂流，停泊在仙女卡呂普索（Calypso）的小島。仙女對奧德修斯心生愛意，

第十五章　永恆的故事：古希臘神話的魅力

但奧德修斯歸心似箭。在眾神的勸說下，仙女才答應成全奧德修斯。

奧德修斯自製了一艘木筏，才沒漂多久又被風暴擊碎，斯克里亞島收留了這個衣衫襤褸的外鄉人。國王對奧德修斯的冒險之旅敬佩有加，贈送他一艘船，送他直抵伊塔刻。

經過了十年征戰，又經歷十年漂泊，奧德修斯終於重新踏上故鄉的土地。除了他的家人，所有人都認為他早已死去了。終於，他站在眾人面前，以國王的威嚴除掉了侵擾家人的惡霸，和他那忠貞的妻子、長大的兒子團聚。

佩涅洛佩可謂希臘故事中的賢妻典範，與海倫對丈夫的背叛相比，更加突顯她的堅貞形象。當所有人都以為奧德修斯客死他鄉，各地的貴族紛紛打著自己的如意算盤登門求婚，佩涅洛佩以替公公拉爾特斯編織壽衣為借口，盡力拖延求婚者們。她白天的確坐在紡織機前不停地紡織，但總是織不完，因為每到夜晚，她就偷偷地把織好的布匹全部拆毀。如此騙了求婚者三年，直到一名女僕洩露了她的祕密。無奈之下，她又宣布，誰能拉開丈夫留下的那張弓，自己就嫁給誰，但依然無人能為。漫長煎熬的二十年終於過去，聰慧賢良的佩涅洛佩總算等到了丈夫的歸來。

希臘奧運會

　　充滿智慧的希臘人相信，一個有思想的靈魂一定要配上一副強壯的軀體。俗話說，生命在於運動。古希臘人尤其這樣認為。他們喜歡在陽光下鍛鍊身體，把皮膚晒成健美的古銅色。所以，很多古希臘哲學家也都是優秀的運動員，比如畢達哥拉斯（Pythagoras）就擅長拳擊。柏拉圖也說過，體育應該造就體格健壯的勇士。

　　在希臘，幾乎每一個城邦都設有運動場，並且有地區性的運動比賽。古希臘史上有四大運動會，都和神靈祭祀有關。八年一度的皮提亞運動會是祭奉阿波羅，兩年一度的科林斯地峽運動會是祭奉波塞頓，四年一度的奧林匹克運動會和涅莫亞運動會都是祭奉宙斯。各種運動會的舉辦時間相互錯開，於是，希臘大地上幾乎每年都會響起競技的吶喊和歡呼。眾多運動會之中，名氣最大的當屬保留至今的奧林匹克運動會，簡稱奧運會。

　　奧運會由於在希臘半島南部的奧林匹亞舉辦而得名。在風景如畫的大地上，坐落著一座供奉宙斯的神廟。高大的宙斯像全身鑲滿黃金和象牙，是當時世界上最大的室內塑像。古希臘人把奧利匹亞視為「神城」和「聖地」，象徵著友誼與和平。

　　最初的運動會分散在各個地區，也沒有固定的比賽時間，通常是舉行祭祀儀式和獲得豐收的時刻，眾人聚在一起遊樂競

第十五章　永恆的故事：古希臘神話的魅力

技。後來的一段時期，古希臘不斷爆發戰爭，戰火連綿，瘟疫泛濫，農業歉收。希臘人民比任何時刻都嚮往和平，懷念往昔慶典的歡樂氣氛。於是，奧林匹亞所在國伊利斯城聯繫了其他幾個城邦，共同舉辦了奧林匹克運動會。他們達成協議：在運動會舉辦期間，實行為期三個月的「神聖休戰日」。休戰日裡，任何人不得發動戰爭；即使有正在進行的戰爭，交戰方也要放下武器，宣布休戰。趕赴運動會的人，若在希臘任何城邦境內遭受危險，伊利斯就要向那個城邦徵收罰款。

於是，第一屆奧林匹克運動會開始了。這一年是西元前 776 年 —— 希臘歷史上第一個明確的日期。

這是只有希臘人才能參加的盛會，而且是希臘男子特有的假期。女子不能參加甚至觀看比賽，不過她們另有祭奉赫拉的賽事。奧運會還特別注重人們的品行精神，有違法犯罪紀錄的人沒有資格參加比賽。

為了取得佳績，年輕的運動員們要先準備四年，還要提前九個月來到奧林匹亞附近的體育場進行訓練。奧運會為期五天，開幕及閉幕的時候都有祭祀隊伍向眾神祈禱。古代的體育競技項目有很多種，被納入奧運比賽的有賽跑、跳高、摔跤、拳擊、擲標槍和擲鐵餅等。希臘人勝不驕，敗不餒，從不為自己找藉口，也不會說裁判不公平。在比賽中作弊的人會被直接淘汰出局，而且終生不得參賽。據說，曾有人想賄賂拳擊對手設法輸給自己，結果招致巨大的懲罰和恥辱。

希臘奧運會

我們現在無法得知希臘人競技能力的數字紀錄,當時的希臘也缺少用來測量的精密儀器。但仍有流傳下來的故事供我們參考:有一個希臘人可以追上奔跑的野兔,還有一個人和馬競走32公里而獲得勝利。

為了意義重大的奧運盛會,人們要提前一個月出發,從四面八方趕往奧林匹亞賽會現場。此時的奧林匹亞成為一個大規模市集,平原上布滿了商品攤位,有遮陽的帳篷,美酒、水果、馬匹、塑像……應有盡有,賣藝者和魔術師的表演也引來眾人的圍觀和喝彩。古希臘劇作家米南德(Menander)曾把這時的場景概括為「擁擠、市場、特技、開心和盜竊」。

當時的露天賽場十分簡陋,到處塵土飛揚。而比賽的時間通常是7月,烈日當空,空氣乾燥。全場4.5萬觀眾整天守著自己的位子,沒有涼棚,也不能戴帽子。各種昆蟲紛紛來襲,蒼蠅尤甚。因為宙斯又被希臘人視為驅蠅神,所以人們不斷為他供奉祭品,希望減少蚊蠅的滋擾。

荷馬(Homer)在《奧德賽》(*Odyssey*)中說:「人生在世,最大的光榮,莫如用自己的雙手和兩腳贏得勝利。」將榮譽視為一切的希臘人,把自己喜愛的運動員敬為世間的神。在奧運會上奪冠的運動員都是全希臘的英雄,特別是他所在的城邦的英雄。

在汗水淋漓的五天之後,人們迎來了神聖的頒獎儀式。每位優勝者都在頭上束一條髮帶,裁判員將月桂或橄欖枝條編成的花冠戴在他們頭上。接下來,信使官將宣布奪冠者的名字及

第十五章　永恆的故事：古希臘神話的魅力

所代表的城市。花冠是奧運會唯一的獎品，運動員沒有獎金可領，但榮譽足以讓他們為之奮發打拚。

　　冠軍們凱旋歸國後，會得到豐厚的獎勵，不僅有大量的金錢，還會被提拔為將軍，畢竟古代戰爭是以體力和技巧為基礎的。城邦對競技英雄慷慨地給予各種特權，他們可以免除一切賦稅，享用免費的營養品，有詩人專門為他們寫讚美詩。如果獲得三次冠軍，就會有雕刻家受僱為他們雕刻銅像或石像，立於奧利匹亞會場上。

參考文獻

[1] ［美］波默羅伊等（Pomeroy et al.）。古希臘政治、社會和文化史（*A Brief History of Ancient Greece: Politics, Society, and Culture*）［M］。傅潔瑩、龔蕩萍、周平譯。上海：上海三聯書店，2010。

[2] ［美］維克托·戴維斯·漢森（Victor Davis Hanson）。獨一無二的戰爭：雅典人和斯巴達人怎樣打伯羅奔尼撒戰爭（*A War Like No Other: How the Athenians and Spartans Fought the Peloponnesian War*）［M］。時殷弘譯。上海：上海人民出版社，2013。

[3] ［美］依迪絲·漢密爾頓（Edith Hamilton）。希臘精神（*The Greek Way*）［M］。葛海濱譯。北京：華夏出版社，2012。

[4] ［英］尼古拉斯·杜馬尼斯（Nicholas Doumanis）。希臘史（*A History of Greece*）［M］。屈聞明，楊林秀譯。上海：東方出版中心，2012。

[5] 吳于廑。古代的希臘和羅馬［M］。北京：生活·讀書·新知三聯書店，2012。

[6] ［英］保羅·卡特利奇（Paul Cartledge）。斯巴達人：一部英雄的史詩（*The Spartans: An Epic History*）［M］。梁建東，

參考文獻

章顏譯。上海：上海三聯書店，2010。

[7] ［法］裘利亞・西薩、馬塞爾・德蒂安（Giulia Sissa et Marcel Détienne）。古希臘眾神的生活（*The Daily Life of the Greek Gods*）［M］。鄭元華譯。上海：上海人民出版社，2008。

[8] ［美］威爾・杜蘭特（Will Durant）。世界文明史：希臘的生活（*The Story of Civilization: The Life of Greece*）［M］。臺灣幼獅文化譯。北京：華夏出版社，2012。

[9] ［古希臘］荷馬（Homer）。荷馬史詩・伊里亞德（*Homeric Epics: Iliad*）［M］。王煥生譯。北京：人民文學出版社，1994。

[10] ［德］斯威布（Gustav Schwab）。希臘神話和傳說（*Die schönsten Sagen des klassischen Altertums*）［M］。楚圖南譯。北京：人民文學出版社，1959。

[11] ［英］保羅・卡特里奇（Paul Cartledge）。劍橋插圖古希臘史（*The Cambridge Illustrated History of Ancient Greece*）［M］。郭小凌等譯。濟南：山東畫報出版社，2005。

[12] ［古希臘］荷馬（Homer）。荷馬史詩・奧德賽（*Homeric Epics: Odyssey*）［M］。王煥生譯。北京：人民文學出版社，1997。

[13] ［古希臘］赫西俄德（Hesiod）。工作與時日・神譜（*Theogony, Works and Days*）［M］。蔣平、張竹明譯。北京：商務印書館，1991。

[14] 白海軍。光榮希臘 [M]。上海：上海辭書出版社，2011。

[15] 弓健、郭文鈉。古希臘密碼 [M]。北京：北京聯合出版公司，2013。

[16] ［英］保羅·卡特利奇 (Paul Cartledge)。亞歷山大大帝：尋找新的歷史 (*Alexander the Great: The Hunt for a New Past*) [M]。曾德華譯。上海：上海三聯書店，2010。

[17] ［美］依迪絲·漢密爾頓 (Edith Hamilton)。希臘的回聲 (*The Echo of Greece*) [M]。曹博譯。北京：華夏出版社，2012。

[18] ［古希臘］修昔底德 (Thucydides)。伯羅奔尼撒戰爭史 (*History of the Peloponnesian War*) [M]。謝德風譯。商務印書館，1960。

[19] ［古希臘］希羅多德 (Herodotus)。歷史（希臘波斯戰爭史）(*The Histories*) [M]。王以鑄譯。商務印書館，2016。

[20] 顧準。希臘城邦制度 [M]。中國社會科學出版社，1982。

國家圖書館出版品預行編目資料

簡明希臘史：哲學、藝術與神話，帶你認識影響世界的希臘文化 / 陳燃 著 . -- 第一版 . -- 臺北市 : 沐燁文化事業有限公司, 2025.01
面； 公分
POD 版
ISBN 978-626-7628-26-3(平裝)
1.CST: 古希臘 2.CST: 希臘史
740.212   113020616

電子書購買

爽讀 APP

簡明希臘史：哲學、藝術與神話，帶你認識影響世界的希臘文化

臉書

作　　　者：陳燃
責任編輯：高惠娟
發 行 人：黃振庭
出 版 者：沐燁文化事業有限公司
發 行 者：崧燁文化事業有限公司
E - m a i l：sonbookservice@gmail.com
粉 絲 頁：https://www.facebook.com/sonbookss/
網　　　址：https://sonbook.net/
地　　　址：台北市中正區重慶南路一段 61 號 8 樓
8F., No.61, Sec. 1, Chongqing S. Rd., Zhongzheng Dist., Taipei City 100, Taiwan
電　　　話：(02) 2370-3310　　傳　　　真：(02) 2388-1990
印　　　刷：京峯數位服務有限公司
律師顧問：廣華律師事務所 張珮琦律師

-版權聲明

本書版權為樂律文化所有授權沐燁文化事業有限公司獨家發行電子書及紙本書。若有其他相關權利及授權需求請與本公司聯繫。
未經書面許可，不可複製、發行。

定　　　價：375 元
發行日期：2025 年 01 月第一版
◎本書以 POD 印製